हिन्दू

मैथिलीशरण गुप्त

लोकभारती प्रकाशन

साहित्य सदन, चिरगाँव झाँसी (स्थापना वर्ष : 1919) द्वारा हीरक जयन्ती वर्ष के उपलक्ष्य में प्रकाशित

लोकभारती प्रकाशन
पहली मंजिल, दरबारी बिल्डिंग, महात्मा गांधी मार्ग
प्रयागराज-211 001

वेबसाइट : www.lokbhartiprakashan.com
ईमेल : info@lokbhartiprakashan.com

शाखाएँ : 1-बी, नेताजी सुभाष मार्ग, दरियागंज
नई दिल्ली-110 002
अशोक राजपथ, साइंस कॉलेज के सामने
पटना-800 006

पहला संस्करण : 1919
वर्तमान संस्करण : 2023

मूल्य : ₹595

बी.के. ऑफसेट
नवीन शाहदरा, दिल्ली-110 032 द्वारा मुद्रित

HINDU
by Maithilisharan Gupt

ISBN : 978-81-19133-53-6

विषय-सूची

श्रीगणेशाय नमः

भूमिका

क्रम विकास के अनुसार उन्नति करता हुआ कवित्व आजकल स्वर्गीय हो उठा है। अपनी लक्ष्य-सिद्धि के लिए वह जो विचित्र चाप चढ़ाने जा रहा है, हमें भी कभी-कभी, मेघों के कन्धों पर चढ़कर, वह अपनी झाँकी दिखा जाता है। उसे उठाने के लिए जिस सूक्ष्मता अथवा विशालता अथवा स्वर्गीयता की आवश्यकता होगी, कहते हैं, कवित्व उसी की साधना में लगा हुआ है। हम हृदय से उसकी सफलता चाहते हैं।

उसका लक्ष्य क्या है? हमें जब वही नहीं दिखाई देता तब उसके लक्ष्य की चर्चा ही क्या?—

सम्मुख चन्द्र-चकोर, सम्मुख मेघ-मयूर,
वह इतना ऊँचा उठा, गया दृष्टि से दूर!

परन्तु सुनते हैं, वह लक्ष्य है—''सुन्दरम्'' और केवल ''सुन्दरम्।'', ''सत्यम्'' और ''शिवम्'' उसके पहले की बातें हैं! कवित्व के लिए अलग से उनकी साधना करने की आवश्यकता नहीं, औरों लिये हो तो हो? फूल में ही तो मूल के रस की परिणति है, फल तो उपलक्ष्य मात्र है।

कला में उपयोगिता के पक्षपातियों से कहा जाता है कि सच्चे सौन्दर्य का विकास होने पर अशोभन के लिए अवकाश ही नहीं रहता, उसकी अनुभूति से मन में जो आनन्द की उत्पत्ति होती है उसमें विकार कहाँ? अपवाद तो सभी विषयों में पाये जाते हैं। परन्तु फूलों में स्वभावतः सुगन्धि ही होती है, (दुर्गन्धि) नहीं। ठीक है। परन्तु सब ''फूल सूँघकर'' ही नहीं रह सकते और यह भी तो परीक्षित हो जाना चाहिए कि कहीं फूलों में तक्षक नाग तो नहीं छिपा बैठा है। अनन्त सौन्दर्य के आधार श्रीराधाकृष्ण की सौन्दर्य-सुमन-राशि में भी जब हमारे प्रमाद से, उसका प्रवेश सम्भव हो गया तब औरों की बात ही क्या?

फूल उठ आनन्द से हे फूल,
निज नवल दल-दोल पर तू झूल,
धन्य मंगल मूल तेरा मूल,

तदपि फल की बात भी मत भूल।
चढ़ सुरों पर तू उन्हीं के योग्य,
किन्तु भव में फल सकल-जन-भोग्य।

कवित्व फिर भी निष्काम है। सम्भवत: वह स्वयं एक सुफल है, इसी से उसे किसी फल की अपेक्षा नहीं। निस्सन्देह बड़ी ऊँची भावना है। भगवान से प्रार्थना है कि वह हम लोगों को भी इतना ऊँचा कर दे कि हम भी उसका अनुभव कर सकें। कदाचित् इसी भावना ने कवित्व को स्वर्गीय होने में सहायता दी है। परमार्थ के पीछे उसने स्वार्थ का सर्वथा परित्याग कर दिया है। इसीलिए वह न तो देश से आबद्ध है न काल से। सार्वदेशिक और सार्वकालिक हो गया है। लेखक उसके ऊपर अपने आपको निछावर कर सकता है। परन्तु वह आकाश में है और यह पृथ्वी पर! ऐसी दशा में उसे भक्ति भाव से प्रणाम करके ही सन्तोष करना पड़ेगा।

कवित्व की यह उदारता अथवा सार्वभौमिकता बड़ी ही प्यारी लगती है। ''वसुधैवकुटुम्बकम्'' अपनी ही तो बात है। परन्तु हाय!

व्यर्थ विश्व-मैत्री की बात,
आज दीन-दुर्बल तुम तात!

यह औदार्य नहीं उपहास!!
तुम्हें जानते हैं सब दास!!!

जो हो, हमें कवित्व की क्षमता पर विश्वास है। आज भी वह निराकारों को आकार और निर्जीवों को जीवन दान कर रहा है ''सुन्दरम्'' की प्राप्ति के लिये वह नये-नये पन्थों का, नई-नई गतियों का, अथवा नये-नये पदों का आविष्कार कर रहा है। हम तो उनके साधन पर ही मुग्ध हो गये, साध्य न जाने कैसा होगा? परन्तु सुना है कि उसका निर्माण निष्काम है। जो हो, और तो सब ठीक है, परन्तु एक कठिनाई है। वह यह कि सार्वदेशिक होने पर भी वह एक देशीय रसिकों के ही उपभोग के योग्य रह जाता है।

एक बात और है। सोने का पानी चढ़ा देने से ही सब पदार्थ सोने के नहीं हो जाते। कभी-कभी उनकी चमक दमक असल से भी कुछ अधिक दिखाई देती है। परन्तु ''निर्घर्षणच्छेदन ताप ताडनैः'' उनकी परीक्षा कर लेनी चाहिये। लेखक के लिए तो वह अवश्य ही बड़ी बात होगी जो उसकी समझ में नहीं आती!

उसके रसिकों में भी तो स्वर्गीय भावुकता अथवा मार्मिकता होनी चाहिये। इस संसार में वह दुर्लभ है। एक बाधा के साथ दूसरी चिन्ता लगी हुई है। भव की भावना के अनुसार स्वर्ग भी भिन्न-भिन्न प्रकार के सुने जाते हैं। सौन्दर्य के आदर्श अलग-अलग हैं। अपने घर में ही देखिए न। एक महानुभाव को खद्दर में कुरूपता दिखाई देती है। कला की कुशलता का अभाव तो स्पष्ट ही है। उधर दूसरे महापुरुष को उसमें भूखों का भोजन और रुग्णों का आरोग्य दिखाई देता है। जीवन की सरलता का कहना ही क्या? यदि सौन्दर्य स्वयं एक बड़ा भारी गुण है तो गुण भी स्वयं एक बड़ा भारी सौन्दर्य है? हमारे लिये दोनों ही वदान्य और मान्य है। एक महाकवि है और दूसरा महात्मा।

इस यन्त्रों के युग में ''हाथ कते'' और ''हाथ बुने'' में सचमुच सौन्दर्य दुर्लभ है। जहाँ है भी वहाँ वह बहुत महँगा पड़ता है, फिर सर्वसाधारण का शौक कैसे पूरा हो?

शौक रहने दीजिए, पहले सर्वसाधारण की क्षुधा-निवृत्ति और सज्जा की रक्षा तो हो जाय। इन यन्त्रों ने ही तो इतनी विषमता फैलाई है। सम्भवतः इसीलिए मनु ने—''महायन्त्रप्रवर्तनम्''—बड़े यन्त्रों के प्रचार को एक प्रकार का पाप बताया है।

तथापि वह पाप उत्पन्न हो ही गया और संसार में फैल भी गया। वहाँ कलयुग के पहले ही से फैला हुआ है। ऐसी दशा में ''स्वदेशी'' को छोड़कर कौन-सी गति है? परन्तु स्वदेशी से कवित्व की विश्वभावना जो भंग हो जाती है! राम राम! फिर भी वही संकीर्णता!

कवित्व ही इसका उपाय सोचेगा। संसार के सम्मिलित स्वर्ग की कल्पना का भार भी उसी पर छोड़ देना चाहिए। वही हमें विश्व के सौन्दर्य-स्वर्ग का अनुभव करा सकता है। क्योंकि वह हमें लोकोत्तर आनन्द देता रहा है।

परन्तु हम अपना भय प्रकट कर देना उचित समझते हैं। स्वर्ग की वह भावना ऐसी न हो कि संसार अचल हो जाय। विशेषकर जब तक संसार संसार है।

महाभारतीय युद्ध के समय, कुरुक्षेत्र में अर्जुन को जो करुणा और ममता उत्पन्न हुई थी वह भी एक स्वर्ग की भावना थी। ईश्वर न करे कि कभी फिर कोई महाभारत का-सा प्रसंग उठ खड़ा हो। परन्तु संसार में इससे भी बड़ा महाभारत हो चुका है। इसलिए ऐसे प्रसंग पर अर्जुन का मोह देखकर, सौन्दर्य लोभी कवित्व उससे

विषम वेला में तुझको, ओह!
कहाँ से उपजा यह व्यामोह?

कहने के बदले कहीं स्वयं मोह से ही न कह उठे कि

कहाँ ओ कम्पित पुलकित मोह?
अरे हट, किन्तु ठहर जा ओह!
देख लूँ क्षण भर तेरा रूप,
सगद्गद रोम रोम रसकूप।

अर्जुन की वह ममता स्वर्गीय थी तो वह सुहृदयता, मार्मिकता अथवा सौन्दर्योपासना भी स्वर्गीय है! अर्जुन की ममता, करुणा, अथवा उदारता स्वर्गीय न होती तो वह कैसे अपने राज्य हरने—और उससे भी अधिक अपनी पत्नी पाचांली का अपमान करने वालों को अयाचित क्षमाप्रदान करने को तैयार हो जाता। उसने तो यहाँ तक कह दिया था कि—

मुझ निरस्त्र को अस्त्र समेत,
मारें धार्तराष्ट्र समवेत।
करूँ न मैं उनका प्रतिकार,
तो मेरा कल्याण अपार!

बौद्धों की क्षमा भी इसी प्रकार की थी। जातकों में हमें ऐसे उदाहरण भी मिलते हैं कि महानुभावों ने दारा-पहारी आततायियों को भी क्षमा कर दिया है। ईश्वरात्मज प्रभु यीशु भी हमें स्वर्ग का सन्देश सुना गये हैं कि यदि कोई तुम्हारे एक गाल पर थप्पड़ मारे तो तुरन्त दूसरा गाल उसके सामने कर दो। परन्तु उनके अनुयायियों ने ही सर्वापेक्षा इसकी उपेक्षा की है। स्वयं भगवान् परस्वापहारियों के प्रति अर्जुन के इस भाव को "अस्वर्ग्य," समझते हैं—

न इसमें स्वर्ग न कीर्त्ति न मान,
अनार्योचित है यह अज्ञान।

दुष्ट और दस्युओं को भगवान कभी क्षमा नहीं कर सकते।

'जो नहिं करों दण्ड खल तोरा,
भ्रष्ट होइ श्रुति मारग मोरा।"

क्योंकि—

"धर्म संरक्षणार्थैव प्रवृत्तिर्भुवि शांगिण।"

शार्ङ्गधर धर्म की रक्षा के लिए ही धरती पर अवतीर्ण होते हैं। किसी समय वे आयुध न भी धारण करें परन्तु अपना काम करते रहते हैं। सव्यसाची तो निमित्त मात्र है—

"निमित्त मात्रम् भव सव्यसाचिन्"

सो पाठक, कवित्व भले ही स्वर्गीय होकर स्वर्ग के सौन्दर्य का आनन्द लूटे, परन्तु जब तक यह संसार स्वर्ग नहीं हो जाता तब तक हम सांसारिक ही रहेंगे। चाहते तो हम भी वही हैं पर हमारे चाहने से ही क्या होगा?

नर चेती नहिं होत है, प्रभु चेती तत्काल।
वलि चाह्यो आकाश कों, हरि पठयो पाताल॥

कौन नहीं जानता कि कलह किंवा युद्ध अतीव अनर्थकारी है। परन्तु जब तक यह जीवन सन्धि के बदले संग्राम बना हुआ है तब तक इसके अतिरिक्त और क्या कहा जा सकता है कि—

"क्षुद्रं हृदय दौर्बल्यं त्यक्त्वोत्तिष्ट परन्तप!"

हमने "अहिंसा परमोधर्मः" धारण करके अपनी दिग्विजय से हाथ खींच लिये; परन्तु दूसरों ने हम पर आक्रमण करना न छोड़ा। हम किसी की हिंसा नहीं करना चाहते; परन्तु हमारी भी तो कोई हत्या न करे। तथापि हुआ यही। हमारी अतिरिक्त करुणा ने हमें दूसरों के समक्ष दुर्बल बना दिया। हमने हथियार रखकर उठने बैठने का स्थान धीरे से झाड़ देने के लिए एक प्रकार की मृदुल मार्जनी धारण कर ली, जिसमें कोई जीव हमारे नीचे न दब जाय; परन्तु दूसरों ने हथियार न रक्खे और स्वयं हमीं दबा लिये गये। हमारी गोरक्षा की अति ने विपक्षियों की सेना के सामने गायों को खड़ा

देखकर शस्त्र-सन्धान करना स्वीकार न किया परन्तु इससे न गायों की रक्षा हुई और न हमारी जो उसके रक्षक थे। विधर्मियों ने गाँव के एक मात्र कुएँ में थूक दिया, बस यह गाँव ही अहिन्दू हो गया!

ऐसी अवस्था में कवित्व हमें क्या उपदेश देगा? उपदेश देना उसका काम नहीं। न सही; परन्तु आपत्ति-काल में मार्यादा का विचार नहीं रहता। और क्या सचमुच कवित्व उपदेश नहीं देता?

भोजन का उद्देश-क्षुधानिवृत्ति और शरीर पोषण है। उससे रसना का आनन्द भी मिलता है। परन्तु हमारी रसना लोलुपता इतनी बढ़ गई है कि हम भोजन में बहुधा उसी का ध्यान रखते हैं। फल उल्टा होता है। शरीर का पोषण न होकर उलटा उसका शोषण होता है। क्योंकि पथ्य प्राय: रुचिकर नहीं होता। शरीर के समान ही मन की भी दशा समझिए। मन महाराज तो पथ्य की ओर दृष्टि भी नहीं डालना चाहते। लाख उपदेश दीजिये, जब तक पथ्य मधुर किंवा रुचिकर नहीं होता तब तक वे उसे छूते तक नहीं। कवित्व ही उनके पथ्य को मधुर बनाकर परोस सकता है।

काम्य-कुसुम-कलिका देकर ही
कला - केतकी है कृतकार्य,
किन्तु कवित्व रसाल, सुफल की
आशा है तुझसे अनिवार्य।

परन्तु हमारे कवित्व का ध्यान इस समय दूसरी ओर चला गया है। इस संसार को छोड़कर वह स्वर्ग की सीमा में प्रवेश कर रहा है। क्या अच्छा होता कि वह हमें भी साथ लेकर चलता! परन्तु हमारा उतना पुण्य नहीं। कवित्व इन्द्रधनुष लेकर अपना लक्ष्य भेदन कर सकता है। परन्तु हम पार्थिव प्राणियों को पार्थिव साधनों का ही सहारा लेना पड़ेगा और इसके लिए न तो किसी दूसरे पर ईर्ष्या करना पड़ेगी न अपने ऊपर घृणा। जो साधन भगवान ने दया करके हमें प्रदान किये हैं उन्हीं को बहुत समझकर स्वीकार करना होगा। परन्तु लज्जा तो यही है कि हम उन्हीं का यथोचित उपयोग नहीं कर सकते।

कवित्व स्वच्छन्दता पूर्वक स्वर्ग के छायापथ पर आनन्द से गुनगुनाता हुआ विचरण करे अथवा वह स्वर्गङ्गा के निर्मल प्रवाह में निमग्न होकर अपने पृथ्वीतल के पापों का प्रक्षालन करे, लेखक उसे आयत्त करने की चेष्टा नहीं करता। उसकी तुच्छ तुकबन्दी सीधे मार्ग से चलती हुई राष्ट्र किंवा जाति गंगा में ही एक डुबकी लगाकर "हरगंगा" गा सके तो वह इतने से ही कृतकृत्य हो जायेगा। कहीं उसमें कुछ बातों का उल्लेख भी हो जाय तो फिर कहना ही क्या? जो लोग बलपूर्वक, ठोक पीटकर कविराज बनाने के समान उसे कवियों की श्रेणी में खींचकर उसी भाव से उसका विचार करते हैं वे उस पर दया तो करते हैं परन्तु न्याय नहीं करते। वह स्वर्गीय कवित्व की साधना का अधिकारी नहीं। होता तो कदाचित् यह लिखने न बैठता कि—

छुरे काटते हैं जो नार
होते हैं बहुधा सविकार।

प्रत्युत् स्वर्गलोक में, बधिर श्रवणों से किसी अनजात का, नीरव गान अथवा मूक आह्वान सुना अनसुना करके चिल्ला उठता—

गूँज उठा तेरा अनजान,
स्वप्न लोक में नीरव गान!

हाय! लेखक कहीं जन साधारण का ही कवि हो सकता! परन्तु प्रतिभा देवी का वह प्रसाद भी प्राप्त न हो सका। वृत्त छोटा और विषय बड़ा कुछ उल्लेख अथवा संकेत और अर्थ-गौरव का भी लोभ!

वहाँ सरलता है कहाँ, जहाँ अर्थ का लोभ।
छन्दों को भी कर सका क्षमा न उसका क्षोभ।

परन्तु यह तो बचत करने के लिए एक बहाना है। मुख्य कारण तो लेखक की असमर्थता ही है, इसे वह निस्संकोच भाव से स्वीकार करता है।

कवित्व के उपासकों से उसकी ही प्रार्थना है कि वे उसकी सीमा इतनी संकुचित न कर दें कि नवीन दृष्टि से विचार करने पर पुरानी रचनाएँ तुकबन्दियों के सिवा और कुछ न रह जायँ।

यदि हम किसी निबन्ध की एक-एक पंक्ति में रस की खोज करने लगेंगे तो काव्यों की तो बात ही क्या महाकाव्यों को भी अपना स्थान छोड़ने के लिए बाध्य होना पड़ेगा। एक-एक पत्ते में फूल खोजने की चेष्टा व्यर्थ होगी और ऐसे फूलों का कोई मूल्य भी न रह जायेगा। फूल के साथ पत्ती भी रहती ही है और सच पूछिए तो पत्तियों के बीच में ही यह 'खिलता' है।

शरीर की उपेक्षा करके हम आत्मा की अपेक्षा नहीं कर सकते। शरीर में ही हमें उसके दर्शन हो सकते हैं।

कवित्व से उसे इतना ही कहना है कि ऊपर केवल स्वर्ग गंगा और स्वर्ग ही नहीं वैतरणी और नरक भी हैं! स्वर्ग और नरक उलटे होकर भी ३६ के अंकों के समान पास ही पास रहते हैं, अतएव सावधान! अपने रूप को न भूलना। तुम स्वयं असाधारण हो—

केवल भावमयी कला, ध्वनिमय है संगीत;
भाव और ध्वनिमय उभय, जय कवित्व नय-नीति।

प्रस्तुत पुस्तक के सम्बन्ध में एक बात और। इस तरह की तुकबन्दियों के लिए साहित्य के शारदा मन्दिर में कोई स्थान है या नहीं? वह हो या न हो, परन्तु इनका एक आदर्श होना ही चाहिए। न तो इनमें आख्यान मूलक रामायण आदि महाकाव्यों का अनुकरण है और न बिहारी सतसई आदि कोष-काव्यों का। ''हमीर-हठ'' ऐसे खण्ड

काव्य और "कविप्रिया" एवं "काव्य निर्णय" आदि रीति ग्रन्थों की श्रेणी में भी ये नहीं रखी जा सकती। विनय-पत्रिका आदि का भी एक स्वतन्त्र स्थान है। सारांश, काव्यों की पंक्ति में बैठने का इन्हें कोई अधिकार नहीं। न सही, परन्तु, जैसा ऊपर कहा जा चुका है इनका भी एक आदर्श होना चाहिए। क्या वह आदर्श "श्रीमद्भगवद्गीता" हो सकता है? छोटे मुँह बड़ी बात! विद्वज्जन क्षमा करें; उन्हीं का कहना है कि आदर्श उत्कृष्ट ही रखना चाहिए। लेखक के लिए तो यही अवलम्ब है—

जय देव-मन्दिर-देहली,
सम भाव से जिस पर चढ़ी—
नृप-हेममुद्रा और रंकवराटिका

अन्त में—

मुनि-सत्य-सांचे में ढली,
कवि-कल्पना जिसमें बढ़ी,
फूले फले साहित्य की वह वाटिका।

नवरात्र, १८८४

मैथिलीशरण गुप्त

सिद्ध गणेश करो हे हिन्दू,
शक्ति साधना शिव की प्राप्ति;
जागो तुम पौरस्य सौर शुचि,
तुम में पुरुषोत्तम की व्याप्ति।
बुद्ध, वीर आदर्श तुम्हारे,
निर्भय हो गुरु की जय बोल;
आर्य ब्रह्म पद के अधिकारी
करो सहज निज कार्य समाप्ति।

श्रीगणेशाय नमः

हिन्दू

विस्मृति

श्री श्रीरामकृष्ण के भक्त
रह सकते हैं कभी अशक्त?
दुर्बल हो तुम क्यों हे तात!
उठो हिन्दुओ, हुआ प्रभात।

हे हिन्दू, तुम हो क्यों हीन?
क्यों हो दलित[१], दुखी, अति दीन?
क्यों तुम हो यों आज हताश?
क्यों यह पराधीनता-पास[२]?

होकर ऋषियों की सन्तान
सहते हो तुम क्यों अपमान?
अपने को भूले हो आप,
पाते हो सौ सौ सन्ताप।

१. दलित—पीड़ित, खण्डित, अछूत। २. पास—फाँसी।

अभाव

वह यश, वह प्रताप, वह तेज,
सजग शान्तिमय सुख की सेज,
वह निर्भय निश्चय, वह त्याग,
वह संयम, वह विषय-विराग।

वह अलिप्त भोगों का भोग,
अनालस्य, अविचल उद्योग,
वह जीवन का सुखमय स्वर्ग,
और मृत्यु में भी अपवर्ग[१]।

वह शिक्षा, दीक्षा, संस्कार,
सत्य, सरल, निश्छल व्यवहार,
निष्ठा, नीति, प्रतिष्ठा, प्रीति
स्वकुल-रीति, वह अतुल अभीति।

वह अनुशीलन, वह अभ्यास,
वह एकान्त आत्म-विश्वास,
ब्रह्मचर्य, विद्या - व्यासंग[२],
स्वस्थ शरीर, संगठित[३] अंग,

वह सत्ता, वह साहस, शौर्य,
किन्तु साथ ही वह अक्रौर्य[४]
विविध विजय-सूचक मख-मेध[५],
एक लक्ष्य का बहुविधि बेध।

---

१. अपवर्ग—मोक्ष। २. व्यासंग—आसक्ति। ३. संगठित (संघटित)।
४. अक्रौर्य—अक्रूरता। ५. मखमेध—याग, यज्ञ।

वह गौरव, वह मान-महत्व,
वह अमरत्व तत्व मय सत्व[1]
सबके ऊपर चारु चरित्र,—
पवित्रता का जीवित चित्र।

वह साधन, वह अध्यवसाय[2],
नहीं रहा हममें अब हाय!
इसीलिए अपना यह ह्रास[3]—
चारों ओर त्रास ही त्रास ही त्रास।

१. सत्व—प्राण, शक्ति उद्यम, गुण। २. अध्यवसाय—अविचल उद्योग और उत्साह है।
३. ह्रास—क्षय, न्यूनता।

स्मृति

याद करो अपने को आर्य!
सत्य करो सपने को आर्य!
तापों से अब तपो न और,
जीवन - मन्त्र जपो सब ठौर।

तुम हो सबसे पहले सभ्य,
जिन्हें न कुछ भी रहा अलभ्य।
तुम हो उनके ही कुलशील
जो थे सर्व समर्थ सलील[१]।

तुम हो उनकी ही सन्तान
बने कि जिनसे विश्व-विधान।
खोजे गूढ़ जिन्होंने तत्व,
पाया है उज्ज्वल अमरत्व।

तुम हो उनके ही कुलजात[२]
कि जो हुए ऋषि - मुनि विख्यात।
जिनका त्याग और तप देख
बदली स्वयं कर्म की रेख।

डोल उठा इन्द्रासन आप,
व्रजाधिक था जिनका शाप!
रचे जिन्होंने तीर्थ अनेक,
जिनके बिना न हो अभिषेक।

उत्तराधिकारी तुम लोग
उनके हो जिनके उद्योग
सफल हुए सब ओर सदैव,—
अनुगत-सा था जिनका दैव।

---

१. सलील —लीला सहित। २. कुलजात कुल में उत्पन्न।

किसके पूर्वज थे वे लोग
किये जिन्होंने अद्‌भुत योग?
दिये दिव्य सन्देश उदार
जाग उठा जिनसे संसार?

तुममें हैं उनके ही प्राण
जिनके करगत थे कल्याण।
देख सकी उनकी ही दृष्टि—
'ब्रह्ममयी है सारी सृष्टि।'

वे थे ऐसे योग्य उदार
था कुटुम्ब उनका संसार।
जगती की सुख-शान्ति समृद्धि।
और उन्होंने की शुभ वृद्धि।

व्यापक थे उनके व्यवहार,
सीमाबद्ध न था विस्तार।
कह सकते थे वही अवर्ग—
'वाराणसी मेदिनी सर्व[१]।'

साधन था उनका पुरुषार्थ,
और सिद्धि थी मुक्ति यथार्थ!
करते थे वे नियम - निदेश,
पलवाते थे जिन्हें नरेश।

१. अर्थात—पृथ्वी भर काशी।

शौर्य-वीर्य

तुममें है उनका ही रक्त
जो थे सच्चे शूर सशक्त।
जिनका बल - विक्रम - उत्साह
था अथाह ज्यों महाप्रवाह।

होकर असुरों से आक्रान्त[1]
सुर जब हो जाते थे श्रान्त,
तब रण में दैत्यों का गर्व
कौन किया करता था खर्व?

चन्द्र - सूर्य का यशः - प्रताप
रखते थे उनके कुल आप।
वे कुल अब भी नहीं विलुप्त,
किन्तु रहेंगे कब तक सुप्त?

मान्धाता के युग की बात
नहीं आज भी है अज्ञात;
था तब भी वह राज्य प्रशस्त—
सूर्य न हो सकता था अस्त।

किसने किये विश्वजित याग?
और विश्व-विभवों के त्याग?
राजसूय, हय-मेध महान
थे किसके वीरत्व विधान?

तोड़ा किसने राक्षस-राज्य—
जो था अचल, अटल, अविभाज्य[2]?

---

१. आक्रान्त—जिस पर आक्रमण किया गया हो।
२. अविभाज्य—जो विभक्त न किया जा सके, अखण्ड।

उड़ी हेम-लंका की धूल,
तुम हो वही, न जाओ भूल।

वीरोचित बाणों की सेज!
किसने दिखलाया यह तेज?
उस पर तकिया अनी यथार्थ
विषय वहाँ भी था परमार्थ!

दृश्य भीष्म-सुन्दर यह और
देखा गया कहो किस ठौर?
प्राप्त करो वह पानी आर्य,
कि हो पितामह - तर्पण - कार्य।

याद करो निज वीर्य विलुप्त;
कहो कौन थे मौर्य कि गुप्त?
थे जिनके साम्राज्य विशाल,
स्वस्थ, व्यवस्थित, मालामाल।

था वह किन घावों का दाह
जिससे जला सिकन्दर शाह?
पूरी हुई न मन की चाह,
ली घर की—यमपुर की—राह!

चढ़ कर आया था यूनान,
लौट गया कर कन्या-दान!
बाँध आर्य-विक्रम का तूण[१]
तुमने ही जीते शक - हूण।

किसका था वह पुण्य प्रताप[२]
चौंका जिससे अकबर आप?
करके सब कुछ भी बलिदान
रक्खी स्वतन्त्रता की बान।

---

१. तूण—तरकस। २. प्रताप—प्रताप और महाराना प्रताप सिंह।

महाराष्ट्र - संस्थापन - कार्य।
किया तुम्हींने कल था आर्य!
'हर हर महादेव' का घोष
असन्तोष का था सन्तोष।

प्रभाव

भू-मण्डल भर में अनिवार्य
बजा तुम्हारा डंका आर्य!
अपने धर्म - राज्य का छत्र
छाया करता था सर्वत्र।

गंगा - तट का पूजा - पाठ,
यज्ञ - याग, उत्सव का ठाठ,
दूर नील - नद[1] के भी तीर
करता था निज ध्वनि गम्भीर!

सीतारामोत्सव का हर्ष
रखता था ज्यों भारतवर्ष,
अमरीका भी स्वयं सगर्व
कभी मनाता था वह पर्व!

जहाँ रहे तुम भारत - तुल्य,
बढ़ा धर्म-वैभव बाहुल्य।
बने उच्च मन्दिर-प्रासाद,
गूँजा दुन्दभि-शंख-निनाद।

१. नील नद—मिस्त्र देश की एक नदी।

सन्देश

प्राण-प्रतिष्ठा-सी सब ओर
की तुमने इससे उस छोर।
करके जगती का आह्वान
गाया अनुपम वैदिक गान।

देकर सबको प्रथम प्रकाश
किया सभ्यता का सुविकाश।
सुना सुना कर शास्त्र पुराण
किया सदा सबका कल्याण!

उस विभु से जो सबमें व्याप्त।
की तुमने तन्मयता प्राप्त।
सुना सृष्टि ने सोहं नाद
सर्वोपरि सच्चा संवाद।

विश्व - बन्धुता का वर्ताव,
और परम करुणा का भाव,
फैलाया तुमने सब ओर;
बढ़ा विश्व धन - धर्म बटोर।

◆

आक्रमण

तुम बौद्धों के नीति - निदेश
रहे मानते देश, विदेश!
किन्तु हाय! स्वार्थी संसार
कब तक रहता उच्च उदार?

जो अध्यात्म भाव - भिक्षार्थ,
आते रहे यहाँ शिक्षार्थ
वही राज्य करने के हेतु
उदित हुए ज्यों कुग्रह केतु!

चीन, हूण, शक, जावक, लुब्ध[१]
रोमज, खुरज, तैत्तरिक, क्षुब्ध,
मिल मिलकर आक्रमण यथेच्छ,
करने लगे कृतघ्न कि म्लेच्छ।

मिलती उन्हें जहाँ विश्रान्ति
करने लगे वहीं वे क्रान्ति।
किन्तु न थे हिन्दू, तुम हीन,
संवत् - साके चले नवीन।

पड़े हुए अस्त्रों की जंक
पाकर अरि - सज्जा अकलंक
छूटी, प्रकटित हुआ प्रताप,
रहा तुम्हारा पानी आप।

होने लगा पुनः जय-गान,
देवस्थापन, यज्ञ-विधान।
जन जन में वैदिक-बल-वृद्धि,
घर घर में सुख, शान्ति, समृद्धि।

---

१. लुब्ध—लोभी।

कहाँ आज वे शक, वे हूण,
बनते थे जो विजयस्थूण[1]?
किन्तु बने हैं अब भी आर्य
और शेष हैं उनके कार्य।

है स्वर्गीय अहिंसा शुद्ध,
किन्तु जगत है शुद्ध न बुद्ध।
वह है जीवन - युद्धक्षेत्र,
चलो, किन्तु बनकर दृढ़ वेत्र।

◆

१. स्थूण—लोहे का खम्भा।

विदेश-यात्रा

हुआ एक सीमा विस्तार,
जिसे शत्रुजन करें न पार।
जो आँखें रखते थे अन्ध,
रहे न उनसे कुछ सम्बन्ध।

तुमने देश, काल अवलोक
की विदेश-यात्रा की रोक।
किन्तु हुई आगे यह चूक
हम हो गये कूप-मण्डूक!

नित्य और नैमित्तिक कर्म
रखते नहीं एक ही मर्म।
रक्खो अवसर के अनुसार
अपने साधारण व्यवहार।

धर्म-प्रचार

समझ लोभ को मन से त्याज्य[1],
धन का नहीं, धर्म का राज्य,
भू पर यत्र तत्र सर्वत्र
किया तुम्हींने एकच्छत्र।

तप कर कर पाये जो तत्त्व,
सुख के और शान्ति के सत्त्व,
फैलाये तुमने सब ओर;
पाया जिधर जहाँ तक छोर।

प्रिय था तुमको धर्म-प्रचार
किन्तु नहीं लेकर हथियार।
उठते थे जब अपने हाथ,
अभयाश्वासन के ही साथ।

अपनी आध्यात्मिक अनुभूति
करती रही यही आहूति[2],—
"यहाँ न दुःख न मोह न शोक
आवे सुख पावे सब लोक।"

तुम्हें न था जब कोई मोह,
होते कहो कहाँ विद्रोह?
भीति - भरी शासन की नीति
पाती नहीं प्रजा की प्रीति।

आर्य - वंश ही अतुल अखर्व[3]
कर सकता है इसका गर्व,—

---

१. त्याज्य—त्यागने के योग्य। २. आहूति—पुकारना।
३. अखर्व—जो छोटा न हो, अर्थात् बड़ा।

कर कर के सुख-शान्ति-विधान,
किया उसी ने जगदुत्थान[१]।

कहाँ सिकन्दर - सा सरताज,
नैपोलियन कहाँ है आज?
किन्तु बुद्ध के राज्य महान
अब भी श्याम, चीन, जापान।

युद्ध - विजय नत रही समक्ष,
पर था बुद्ध - विजय निज लक्ष।
पाया हमने जब जो सार
उसे विश्व को दिया पुकार।

औरों ने भी आकर दूर,
की शासन - सत्ता भरपूर।
किन्तु धर्म या धन के अर्थ?
सदा स्वार्थ - साधन के अर्थ?

पशु - बल नहीं चाहता धर्म,
नहीं कराता वह दुष्कर्म।
लूट - मार या अत्याचार
करे लुटेरों की तलवार।

हिन्दू - शासन का सुविकास
बतलाता है जगदितिहास[२]।
दुर्लभ वहाँ विभंजक भीति,
रही नित्य रंजक नृप - नीति।

◆

१. जगदुत्थान—जगत का उत्थान। २. जगदितिहास—संसार का इतिहास।

राजनीति

प्रजातन्त्र औरों के आप
प्रकट राज - सत्ता के पाप।
कुटिल नीति की जारज सृष्टि
हैं, यद्यपि हों उन्नत दृष्टि।

यहाँ पूर्व से ही सविवेक
राजा - प्रजा प्रकृति थी एक।
तब तो राम - राज्य सुख भोग
करते थे तुम हिन्दू लोग।

अवतार

हिन्दू धन्य तुम्हारा धर्म,
धन्य कामना - वर्जित कर्म?
धन्य तुम्हारी ज्ञानाशक्ति,
धन्य तुम्हारी श्रद्धा, भक्ति!

धन्य तुम्हारा प्रेम अपार,
प्रकट हुए प्रभु भी साकार!
उनके वे मनुष्य अवतार,
हुए तुम्हीं में बारंबार।

आस्तिकता के सच्चो गर्व
हरि नर होकर हुए न खर्व।
देकर अपना पुण्यस्पर्श,
दिया उन्होंने दिव्यादर्श।

महत्ता

किसके धर्माचार विचार
स्वीकृत करता था संसार?
गये हमीं अब उनको भूल,
शाखाएँ तब हों जब मूल।

देखो भूमण्डल भर घूम,
कहाँ तुम्हारी रही न धूम?
जिसका है यह व्यक्त भविष्य
यूरुप है शिष्यों का शिष्य।

तिब्बत, श्याम, चीन, जापान,
लंका, यवद्वीप, ईरान,
काबुल, रूस, रोम, यूनान,
कहाँ न थी आर्यों की आन?

◆

अपमान

दुनिया भर के सारे देश
रहे कभी आर्योपनिवेश।
जो थे मानवकुल - सिरमौर।
नहीं कहीं अब उनको ठौर!

हम हैं आज विभक्त, विपन्न[१];
दुर्लभ है मुट्ठी भर अन्न।
किन्तु करें मिल कर यदि आह
तो भी कौन सहे वह दाह?

१. विपन्न—विपत्ति में पड़े हुए।

आशा

बजे आज पश्चिम का तूर्य[1],
डूबा जहाँ पूर्व का सूर्य;
किन्तु उदय की आशा नित्य
दिखला रहा हमें आदित्य[2]।

जिनका कुछ भी न था अतीत,
गावें क्या वे उसके गीत?
भूले हम क्यों उसकी याद,
जिसमें है अपना आह्लाद।

वही करेगा हमें सचेत
और वही देगा संकेत।
दे सकता है वही प्रबोध
और हमें जीवन का शोध।

जिनके पीछे है कुछ सार
उनके आगे भी विस्तार।
आप बना कर अपनी लीक,
बढ़ सकते हैं वे निर्भीक।

न हो, बन्धुगण, न हो निराश,
शून्य नहीं निज भाग्याकाश।
अब भी शीतल नहीं कृशानु,
उदित पूर्व ही में है भानु।

बहुत राष्ट्र हो बीते आज,
तब भी हो तुम जीते आज।
किन्तु जियो तो गौरवयुक्त,
और मरो तो होकर मुक्त।

---

१. तूर्य—तुरही। २. आदित्य—सूर्य।

रक्खो अपने कुल का मान,
वह है कैसा मधुर - महान!
पी लो वह पीयूष[१] पुनीत,
होगी जीवन - रण में जीत।

तुम पर है उनका कुल-भार
किया जिन्होंने कला - प्रचार।
चित्र, शिल्प, कविता, संगीत,
जिन्हें आप ही थे उपनीत[२]।

होने पर कितने हुत-होत्र[३],
बने तुम्हारे हैं कुल - गोत्र।
आर्य - वंश की है क्या बान?
त्याग, तपस्याएँ, बलिदान।

रहा अतीत तुम्हारा आप,
जिसका अब भी प्रकट प्रताप।
कर लो वर्तमान को साथ
है भविष्य तो अपने हाथ।

---

१. पीयूष—अमृत।
२. उपनीत—प्राप्त।
३. हुत-होत्र—होम।

साधन

नहीं रहा अब वह उत्कर्ष[1]
विगत हुए हैं सौ सौ वर्ष।
पर खोलो यदि नयन निमेष।
तो साधन हैं अब भी शेष।

वही उर्वरा धरा[2] उदार,
वही सिन्धु बहु रत्नागार,
वही देश जिसकी है ख्याति,
और वही है अपनी जाति।

वही हिमालय, विन्ध्य विशाल,
सुख-दुख के साक्षी चिरकाल।
वही सुनिर्मल जल-प्रवाह,
कूल-किनारे अपने आह!

वही सिन्धु-सरयू के तीर,
गंगा-यमुना के कल-नीर।
वही अखिल अन्नों के खेत,
खानें बहु मणि-धातु-निकेत।

देखो जब भी खोलो नेत्र,
वही प्रान्त पुर पुण्य-क्षेत्र,—
हुए जहाँ वे चारु चरित्र,
एक एक सौ सौ स्मृति-चित्र!

वही पंचनद, राजस्थान
प्राप्त जिन्हें है गौरव-मान।
वही बिहार, उड़ीसा, बंग
हैं अक्षय भारत के अंग।

---

१. उत्कर्ष—उत्कृष्टता, श्रेष्ठता। २. धरा—पृथ्वी।

युद्ध, मध्य, पांचाल, पुलिन्द,
चेदि, कच्छ, काश्मीर, कुलिन्द,
द्रविड़, मद्र, मालव, कर्णाट,
महाराष्ट्र, सौराष्ट्र, विराट।

कामरूप, किंवा आसाम,
सातों पुरियाँ, चारों धाम,
अटक-कटक तक एक अभंग
दुख में, सुख में, सब हैं संग।

अब भी अपना है नेपाल
किये हुए निज उन्नत भाल।
अब भी धन्य गोरखा वीर,
राजपूत, सिख, जाट, अहीर।

धारण करो ऐक्य - अनुराग
जायँ तुम्हारे सब भय भाग।
भारत है ऐसा भू-भाग,
पद पद पर है जहाँ प्रयाग।

अब भी यहाँ बदलकर वेश,
कोसल, काशी, मथुरा शेष।
इन्द्रप्रस्थ कि पाटलिपुत्र,
कान्यकुब्ज, उज्जयिनी कुत्र[१]?

छोड़ परस्पर वैर - विवाद,
करो आर्यगण अपनी याद।
देखो वे धुँधले - से चित्र,
दिखा रहे हैं कौन चरित्र।

तुम निराश क्यों हो इस भाँति?
सोचो, पाप कटें किस भाँति।
अब भी वेद - शास्त्र वे सर्व,
जिनका है जगती को गर्व।

---

१. कुत्र—कहाँ।

अब भी स्मृतियाँ हैं अवशिष्ट[१]
टाल सकें जो अखिल अरिष्ट[२]।
गीता और पुराण पुनीत
रामायण - भारत जय गीत।

अब भी है वह प्रतिभा शेष
जिससे हो नव नव उन्मेष[३]।
धरो राग निज, मेटो द्वेष;
अंकित करो स्व-भाव स्व-वेश।

हिन्दू जैन, बौद्ध - उपलब्धि[४]
अब भी तीन ओर निज अब्धि[५]।
आत्मा के एकत्व - समान
चौथी ओर अटल हिमवान।

हैं जितने निज अन्य विवेक
सबका उद्गम - संगम एक।
अब भी उपनिषदों के मन्त्र,
कर सकते हैं मुक्त, स्वतन्त्र।

वे गिरि से भी ऊँचे ग्रन्थ
नहीं दिखा सकते क्या पन्थ?
अब भी ज्ञान - कर्म युत भक्ति,
दे सकती है तुमको शक्ति।

राम - कृष्ण के चारु - चरित्र
जो पतितों को करें पवित्र,
अब भी हैं सुवर्ण लिपिबद्ध;
सब कुछ है, तुम हो सन्नद्ध[६]!

---

१. अवशिष्ट—शेष। २. अरिष्ट—अशुभ। ३. उन्मेष—प्रकाश, उदय।
४. उपलब्धि—प्राप्ति, बुद्धि, अनुभूति। ५. अब्धि—समुद्र। ६. सन्नद्ध—उद्यत।

और कहीं भेजे हों दूत,
हुए यहाँ प्रभु प्रादुर्भूत[1]।
जन्मे हो तुम जहाँ निदान,
वह प्रभु का भी जन्मस्थान!

प्रभु पर है भारत का भार,
हुए जहाँ उनके अवतार।
होगा जो कुछ है भवितव्य,
पालो तुम अपना कर्तव्य।

◆

---

१. प्रादुर्भूत—प्रकट।

अवनति के कारण

क्या है इस अवनति का मूल?
अपने कर्म गये हम भूल।
खो बैठे अपना कुल - शील;
पाई चंचल मन ने ढील।

हुआ अन्त में वह उत्क्षिप्त[१],
व्यसन और विषयों में लिप्त।
गई स्वार्थ की फिर वह ग्लानि,
खलती जिसे और की हानि।

उपजा फिर आलस्य प्रमाद,
लगा फैलने मायावाद।
हम यों होने लगे हताश,
कौन रोकता सत्यानाश?

बढ़ा परस्पर ईर्ष्या-द्वेष,
विग्रह, वैर, विरोध विशेष,
खसने लगे शरीरस्तम्भ
उपजा आडम्बर या दम्भ।

रहा न जब तनु में पुरुषार्थ,
फिर कैसे पूरा हो स्वार्थ?
लेकर तब औरों की ओट,
करने लगे चतुर बन चोट।

औरों से मिल मिलकर मन्द,
बनकर अमीचन्द, जयचन्द,
किया हमींने अपना नाश,
पहना पराधीनता-पाश!

---

१. उत्क्षिप्त—ताड़ित, फेंका हुआ।

खो बैठे अपना घर-बार;
लुटे हाय! हम बारम्बार।
आज हमारा है यह हाल,
हम हैं दीन, दास, कंगाल!

देव मूर्तियाँ भी न निरस्त्र
जिनकी, हुए वही निःशस्त्र।
रक्षा पाते जिनसे रक्ष्य,
वही हिंस्त्र पशुओं के भक्ष्य।

जिनसे घर बैठे सब लोक
पाता रहा अमृत अस्तोक[१],
उनके बच्चों को हा लाज,
हुआ दूध भी दुर्लभ आज!

---

१. अस्तोक—बहुत।

जातीयता

करो बन्धु गण, करो विचार,
किस प्रकार हो अब उद्धार?
सब कुछ गया, जाय, बस एक—
रक्खो हिन्दूपन की टेक।

ऐसा है वह कौन विवेक
करता हो जो हमको एक?
और बढ़ा सकता हो मान?
केवल हिन्दू-हिन्दुस्तान।

◆

फूट

सुन लो असमय की ही बात,
सहकर भी कितने आघात
रक्खा तुमने अपना नाम।
(मिटे मुल्क के मुल्क तमाम)

तप्त रेणु का वह तूफान,
उठा अरब से जो अनजान,
रोका गया कहाँ दुर्द्धर्ष,
बीते चार चार सौ वर्ष?

जिस उद्धत का देख प्रकोप
उलट गया सारा यूरोप,
कर न सका वह हमको लोप;
खड़े रहे हम निज पद रोप।

हुए किरकिरे कितने स्थान,
उजड़े, उखड़े बहु उद्यान।
अड़े रहे जो पौधे पूत
इसी भूमि के थे उद्‌भूत।

कोई इसे न जावे भूल
हिन्दूपन था उनका मूल।
हुए कुठारों की कब भेंट?
जब हम बने आप ही बेंट।

आपस का विरोध हा हन्त!
करता गया हमारा अन्त।
मचे महाभारत बहु बार,
हुआ हमारा ही संहार।

◆

स्वाभिमान

अब भी चेतो, न हो उदास,
चेता रहा तुम्हें इतिहास।
बुरी बात की भी क्या टेक?
समुचित है सत्याग्रह एक!

किस पर इतने हुए प्रहार?
किसने झेले इतने वार?
त्याग आक्रमण-मूलक नीति
हमने भोगी है बदु भीति।

इसका नहीं हमें कुछ खेद,
मिट जावे आपस का भेद।
रक्खो हिन्दूपन का गर्व;
यहीं ऐक्य के साधन सर्व।

हिन्दू निज संस्कृति का त्राण
करो, भले ही दे दो प्राण।
कठिन काल में भी कुलमान
रक्खा तुमने, दे दी जान।

किसके लिए मिटा चित्तौर?
जूझे राजपूत सिरमौर?
रही पद्मिनी रूपी साख,
पाई बस रिपुओं ने राख।

हिन्दूसत - सुवर्ण की जाँच
कि थी जौहरों की वह आँच?
पीढ़ी दर पीढ़ी, बहु काल
चलता रहा युद्ध विकराल।

हिन्दूपन का प्रकृत प्रताप
रहा किन्तु निश्चल निष्पाप।
हुआ हिन्दुआसूर्य न मन्द,
समुदित रहा स्वच्छ स्वच्छन्द।

झुकी न हिन्दूपन की पाग,
रुकी न बलि वेदी की आग।
केसरिया बाने सज शूर
वर ले गये कीर्ति भर पूर।

वीर शिवाजी बाजीराव
रखकर कहो कौन - सा भाव,
करते थे किसका विस्तार?
हिन्दूपद का, करो विचार।

चम्पत क्षत्रसाल अरिकाल
बने हिन्दवाने की ढाल।
गुरु गोविन्द और रणजीत
रखते थे निज भाव पुनीत।

''बढ़े धर्म हिन्दू'' यह छन्द
गाया है किसने सानन्द?
चिड़ियों से पिटवाये बाज,
रक्खी निज गुरुता की लाज।

वे छोटे बच्चो निरुपाय
चुने गये जीते जी हाय!
स्वीकृत किया न किन्तु विधर्म,
था वह किस संस्कृति का मर्म?

बने आज सिख हमसे भिन्न,
हों यों क्यों न आप उच्छिन्न।
पर मत हों कितने ही अन्ध
अक्षय है शोणित सम्बन्ध।

जैन, बौद्ध, सिख, वैष्णव, शैव,
हिन्दू कौन रहा फिर दैव?
न हो न हो हे हिन्दू खिन्न,
सब अभिन्न हैं, मत हों भिन्न।

वैष्णव, शैव, शाक्त, सिख, जैन,
हो कि न हो या कुछ हो ऐन,
पर तुममें है हिन्दू-रक्त;
हो इस पुण्यभूमि के भक्त।

भाई न लो दीर्घ निःश्वास,
धारण करो आत्मविश्वास।
युग युग के आदर्श अभंग,
हैं सर्वत्र हमारे संग।

अन्य जातियों के इतिहास,
हैं कुछ शताब्दियों के दास।
आर्यजाति-जीवन की माप,
काल-दण्ड कर सका न आप।

था अतीत निज गौरव-गेह,
फिर भविष्य का क्या सन्देह?
प्राची का प्रकाश प्राचीन,
लेगा, लेगा जन्म नवीन।

तारों का क्या ह्रास-विकास,
क्या वह रोदन, क्या वह हास!
जिये इन्दु का वह इन्दुत्व
ऐसा ही अपना हिन्दुत्व।

चाहे हम जर्जर हैं आज,
किन्तु अमर निज जाति-समाज।
सदा रहे न रहेंगे कष्ट;
हुए न होंगे हिन्दू नष्ट।

सोचो वह अपूर्व उत्कर्ष,
शिखा न दी, शिर दिये सहर्ष।
खुले न विश्वासों के बन्ध,
हटे न सूत्र, कटे सुस्कन्ध।

क़ाज़ी लेकर लाल कुरान,
दिया किया फ़तवा - फ़रमान।
किन्तु हक़ीक़त सका न खोल
रहे हक़ीक़तराय अडोल।

जजिया लगे, कटे सिर लाख,
रही किन्तु तब भी वह साख।
तब भी तुम बाईस करोड़,
अब भी कौन तुम्हारा जोड़?

हिन्दू धन्य तुम्हें है धन्य,
ऐसे संकट में क्या अन्य—
जी सकती थी कोई जाति?
मिटा सके तुमको न अराति[१]।

किया तुम्हींने किसी प्रकार
असिधारा-प्लावन[२] भी पार।
झेली सदियों तक शर-वृष्टि,
हिन्दू धन्य तुम्हारी सृष्टि।

◆

---

१. अराति—शत्रु।
२. असिधारा-प्लावन—तलवार की धार की बाढ़।

दौर्बल्य

तदपि हाय! तुम अस्तव्यस्त,
इसीलिए यह रुदन समस्त।
आओ, अब हो जाओ एक,
एक प्राण का हो उद्रेक[1]।

हों कितने ही अपने अंग,
पर सबमें हो एक उमंग।
एक सिन्धु के कोटि तरंग,
निरखे स्वयं समय भ्रू-भंग।

विफल तुम्हारे क्यों प्रस्ताव?
क्यों कम है भावों का भाव?
क्यों ऐसी लज्जा की लूट?
क्यों कि घुसी है तुममें फूट।

क्यों तुममें है भय भरपूर?
क्यों तुमसे साहस है दूर?
कोटि कोटि होकर भी हाय!
तुम हो एकाकी असहाय!

क्यों तुम आज हतप्रभ[2] मन्द?
क्यों तुम नहीं स्वस्थ स्वच्छन्द?
लगा तुम्हें क्यों घुन या घाव?
ब्रह्मचर्य का हुआ अभाव।

क्यों लुच्चे लंगाड़े नीच
ले जाते हैं बधुएँ खींच?

---

१. उद्रेक—उदय, वृद्धि, उत्तेजन।
२. हतप्रभ—जिनकी कान्ति नष्ट हो गई है, मलिन।

तन-मन से तुम निर्बल आज,
रख सकते हो कैसे लाज?

सहकर भी इतना विद्रोह,
करते हो तुम किसका मोह?
मरो न यदि तो डरो अवश्य,
डरो न तुम यदि मरो अवश्य।

विधवा

हिन्दू-विधवा की शुचि मूर्त्ति,
पवित्रता की सकरुण पूर्ति।
कर दे खल छल-बल से भंग,
तो मरने का कौन प्रसंग?

किस पर है इसका दायित्व?
यही तुम्हारा है न्यायित्व
कि तुम करो ब्याहों पर ब्याह,
पर विधवाएँ भरें न आह!

तुम बूढ़े भी विषयासक्त,
बनी रहें वे किन्तु विरक्त,—
वे जो निरी बालिका मात्र—
अस्पर्शित है जिनका गात्र?

आप बनो विषयों के दास,
वे अभागिनी रहें उदास।
कुपथ दिखाते हो तुम आप,
सहें कहाँ तक वे सन्ताप!

सोचो तुम हो कितने क्रूर?
दया और ममता तो दूर!
करते हो उनका अपमान,
धर्म कहाँ है हे भगवान!

करो न हा! वह शुचिता नष्ट
सहे स्वयं जो जीवन-कष्ट।
सादर उसे झुकाओ सीस,
दे जिसमें वह तुम्हें असीस।

वह विराग की सूरत एक,
महात्याग की मूरत एक,
संयम, सहिष्णुता की खान,
ईश्वर रक्खे उसकी आन।

विधवाओं का पुनर्विवाह,
नहीं उच्च आदर्श-निवाह।
पर उससे अच्छा सौ वार,—
जो है दुराचार, व्यभिचार।

पुष्ट करो तुम अपना पक्ष,
किन्तु न भूलो अन्तिम लक्ष।
रक्खो ऊँचा ही आदर्श,
कर न सकें जो इतरस्पर्श।

यदि आदर्श झुकाया जाय,
तो उन्नति का कौन उपाय!
करो न अवनति के प्रस्ताव;
आप तुम्हीं ऊँचे हो जाव।

◆

स्त्रियों के प्रति कर्तव्य

छोड़ो वे बेजोड़ विवाह,
होता है जिनसे गृह-दाह।
दो अबलाओं को अवकाश—
कि वे करें निज जड़ता-नाश।

भूमि वही है, करो प्रयत्न,
हुए जहाँ वे रमणी-रत्न।
जिनकी जगमग ज्योति विलोक,
चौंकी स्वयं नियति गति रोक।

गृह में गृह-लक्ष्मी की पूर्त्ति,
वन में सावित्री की मूर्ति।
रण में असुर-नाशिनी शक्ति,
आविर्भूत करे निज भक्ति।

हों अपने युग अंग ललाम,
जैसा दक्षिण वैसा वाम।
दोनों अंगों का आरोग्य—
करें तुम्हें सुख-साधन-योग्य।

◆

शक्ति-संचय

कहाँ तुम्हारा वह उत्साह?
क्यों न नसों में रुधिर-प्रवाह?
हुई निराशा क्यों यह घोर?
उदासीन तुम अपनी ओर।

मन मलीन क्यों? तन है छीन,
इसीलिए हिन्दू, तुम हीन।
मातृभूमि की रज में लोट—
बनों बली फिर कस लँगोट।

गुड़ें अखाड़े दोनों काल,
जुड़ें जहाँ माई के लाल।
करें वीर-वर्धक व्यायाम,
वीर - विनोदी हैं जो काम।

बहे वहाँ जब तन का स्वेद,
रहें कहाँ तब मन का खेद।
होने पर निज गृह सम्पन्न,
न हो भला क्यों गृही प्रसन्न?

निज समाज के प्रहरीरूप
रहो, सहो सरदी या धूप।
सकें लुटेरे लाज न लूट,
कुल-गौरव गढ़ रहे अटूट।

दुर्बल का कब तक है क्षेम,
उस पर कौन करेगा प्रेम?
दया भले कोई कर जाय,
किन्तु जगत है निर्दय हाय!

सबलों को ही मैत्री-मान
मिलता है सर्वत्र समान।
जिनमें होता है कुछ सार,
यहाँ उन्हींके हैं अधिकार।

◆

अप्रमाद

पर होने पावे न प्रमाद,
रक्खो इसे बराबर याद!
न हो व्यर्थ बाधक निज शक्ति
रहे सदा साधक निज शक्ति।

पाकर हिन्दू बल का योग,
करें सभी मधुफल का भोग।
मुसलमान हों या क्रिस्तान,
उसका करें सहर्ष बखान।

◆

जातीयपर्वोत्सव

निज जातीयोत्सव, व्रत, पर्व,
मिलकर सदा मनाओ सर्व।
किसके हैं इतने त्योहार,—
जिनसे हों विशुद्ध व्यवहार?

ग्राम-नगर सुख - साधन - हेतु,
निर्जन वन आराधन - हेतु।
नित्य भंग हो जिनकी शान्ति,
पावें वे मन में विश्रान्ति।

होली

अविश्वास, ईर्ष्या, अन्याय,
जलती होली में जल जाय।
उड़े असुरी बल की राख,
फले सत्याग्रह की साख।

जिये प्रेमरूपी प्रहलाद,
गूँजे नर - हरि[१] का जयनाद।
भाई से भाई मिल जाय,
हाँ फुलवारी-सी खिल जाय।

उड़े गुलाल, ऐक्य आ जाय
फिर अपनी लाली छा जाय।
एकस्वर से हो यह गान,—
'जय हिन्दू जय हिन्दुस्तान!''

खेलो खुलकर सरस बसन्त,
हो जावे अवनति का अन्त।
रूखेपन के सूखे पत्र
अपने आप झड़ें सर्वत्र।

नवस्फूर्ति की नई बयार,
नव्यांकुर भव्याविष्कार।[२]
पूर्णप्रकृति, पूरे उद्योग,
पावें सब रसाल फल भोग।

◆

---

१. नर-हरि—नरसिंह।
२. नये अंकुरों के समान भव्याविष्कार हों।

संवत्सर

नव युग, नव संवत के संग
आवे, लावे नई उमंग।
हो नूतन आशा, उत्साह,
रुके न निज विक्रम की राह।

गिरें गरज सुनकर वे भ्रूण
जो देशद्रोही शक - हूण।
राजसभा के नव नव रत्न,
दिखलावें पथ सजग, सयत्न।

◆

रामनवमी

राम जन्म का उत्सव योग,
मेटे जीवन के सब रोग।
मनुजचरित के सारे अंग—
मिलें हमें एकत्र अभंग।

आदि काव्य का हो रस-पान;
रामचरित - मानस में स्नान।
हो रमणीय राम का ध्यान,
गौरव और गुणों का ज्ञान।

कि "स्वदेशस्य हिताय"[१] सहर्ष,
करें सभी कुछ हम प्रति वर्ष।
मिटे ताड़का-त्रुटि का त्रास,
यज्ञ-पूर्ति का हो विश्वास।

भय न रहे विघ्नों के बीच,
उड़े नीचता का मारीच।
टूटे कुग्रह - केतु - सुबाहु,
छूटे निज कुल-रवि का राहु।

कठिन पिनाक[२]-रूप प्रण पाल
ग्रीवा में जय-माला डाल,
सब साम्राज्यों में उत्कर्ष
पावे अपना भारतवर्ष।

स्वजन परिजनों की अनुरक्ति,
पितृप्रेम भ्राता की भक्ति,
पातिव्रत पत्नीव्रत पूत,
धाम - धाम में हों उद्भूत।

◆

१. स्वदेशस्यहिताय—स्वदेश के लिए। (बाल्मीकि रामायण से)।
२. पिनाक—शिव का धनुष।

अखती

अखती अथवा आखातीज,
कलियुग में सतयुग का बीज।
फैलाओ वह पुण्य - प्रताप
मिटें आप ही सारे पाप।

◆

गंङ्गादसहरा

गंगदसहरा उसके बाद,
करो भगीरथ तप की याद।
बहे प्रेम की वह ध्रुवधार,
हो हिन्दू - कुल का उद्धार।

◆

श्रावणी

वह श्रावण, वह रक्षाबन्ध,
फैले नव - गौरव का गन्ध।
बढ़े मेल, श्रद्धा - सम्बन्ध।
सब कुछ झेल सकें ये स्कन्ध।

भागें भय - बाधाएँ दूर,
कर न सके कुछ कोई क्रूर।
सुनकर अपना प्रेमालाप
गूँज गगन गद्‌गद् हो आप।

जन्माष्टमी

आवे कृष्ण - जन्म की रात,
जागे हिन्दू - प्रभा - प्रभात।
छवि की पूर्ण छटा छा जाय।
सुन्दर श्याम घटा छा जाय।

जितने भी रज[1] हों धुल जाँय,
माता के बन्धन खुल जाँय।
पापों के प्रहरी सो जायँ,
कारागृह मन्दिर हो जायँ,

छा जावे गोकुल में हर्ष,
दहले दुरित[2] दैत्य दुर्धर्ष।
कुटिल नीतिमय कल्मष[3] कंस
हो जावे ससैन्य विध्वंस।

माखन मिश्री, मोहनभोग,
आवे सबका ऐसा योग।
सजें यशोदा माँएँ थाल,
जीमें बालरूप गोपाल।

बजे चैन की वंशी ऐन,
कर दे हमें वही बेचैन।
खिले भक्ति की करुण विलाप,
प्रकृति पुरुष का मिले मिलाप।

भव्य भागवत का हो पाठ,
देखे ज्ञान ध्यान का ठाठ।

---

१. रज—धूलि, पाप। २. दुरित—पाप। ३. कल्मष—पाप।

गीता करे मोह का नाश,
योगत्रय का भरे प्रकाश।

भय छोड़ो हिन्दू - सन्तान,
अभय दे रहे हैं भगवान।
सुनो सहर्ष सुनो श्रुति खोल,
उनकी वह वाणी अनमोल—

"छोड़ अन्य सब धर्म विवेक
मेरा शरणागत हो एक!
शोच न कर, हरकर सब पाप,
तुझे मुक्ति दूँगा मैं आप!"

◆

नवरात्र

न हो हिन्दुओ, न हो निराश,
तुम्हें अभय से कब अवकाश।
प्रस्तुत हो पूजा का पात्र,
देखो आ पहुँचा नवरात्र।

तुममें भी है नवधाभक्ति,
देगी माँ तुमको नवशक्ति।
असुर - मोहिनी का आह्वान,
और करो निज धर्म-ध्यान[१]।

फूटें वे कल्मष के कुम्भ,
रक्तबीज या शुम्भ निशुम्भ।
मातृभूमि की वेदी मान,
करो धर्म - संगत बलिदान।

क्षुद्र मेष[२] अथवा वे छाग,
सिद्ध नहीं कर सकते याग।
करो, करो कुछ आत्मत्याग,
जिस पर है माँ का अनुराग।

पीकर उसका अमृत-स्तन्य[३],
तुम न मरोगे, होगे धन्य।
वह यश कौन सकेगा रोक,
जैसा है यह चन्द्रालोक?

◆

---

१. ध्यान—शब्द, ध्वनि।
२. मेष—भेड़, मेंड़ा।
३. स्तन्य—दूध।

विजयदशमी

उठो विजय-यात्रा के हेतु,
बँधे विध्न-वारिधि का सेतु।
विजयादशमी[१] का यह काम,—
हमको मिलें हमारे राम।

हो सतीत्व-सीता का त्राण,
पुलकित हों फिर अपने प्राण।
जमें यमदिशा[२] में भी धाक,
कटे वासना की वह नाक।

अपने व्यवहारों से दक्ष
वानर भी हों नर समकक्ष।
पापों की लंका ढा जाय,
घर घर अवधपुरी छा जाय।

हो फिर भ्राता - भरत - मिलाप,
मेटे राम - राज्य सब पाप।

१. देख जगत को जर्जर जीर्ण;
हुए आज ही थे अवतीर्ण।
विश्ववन्द्य विज्ञान - निधान
श्रीसिद्धार्थ बुद्ध भगवान।

२. यमदिशा—दक्षिण।

दीवाली

रहे हर्ष का ओर न छोर,
दीपावली जगे सब ओर।
रत्नहार पहने निज देश,
त्यागे जीर्ण मलिन यह वेश।

कुल - लक्ष्मी को पूज प्रसन्न
हो धन - धान्य - धर्म - सम्पन्न।
हाँ, प्राणों का पण[१] लग जाय,
इस रज का कण कण जग जाय।

एक क्षण में भय भग जाय,
जीवन-रण में जय जग जाय।
हुए इसी दिन थे उद्‌भूत;
—भागें जिनसे भय के भूत,—

आंजनेय[२], 'अतुलित बलधाम',
जिनके रोम रोम में राम।
धर्म भक्ति का हो निर्वाह,
हो शंका लंका का दाह।

महावीर-दल का जय-नाद
दूर करे भय-विषय-विषाद।
देकर भव को भावुक प्राण,
लेकर आप अटल निर्वाण।

हुए आज ही थे अशरीर
महावीर तीर्थंकर धीर।
अतुल अहिंसा के आचार
पाकर धन्य हुआ संसार।

---

१. पण—बाजी। २. आंजनेय—हनूमान।

किन्तु समझ अब तक वह तत्व
पा न सका हा! प्रकृत महत्व।
युग युग के अक्षय अविराम
पाप-पुण्य का है संग्राम।

किन्तु बन्धुगण, न हो सशंक,
सूखेंगे आखिर सब पंक[१]।
सिद्ध हो चुका है यह मर्म—
जय है वहीं जहाँ है धर्म।

अपना धर्म यहाँ तक ध्येय—
कि है निधन[२] भी उसमें श्रेय।
हे अपार हिन्दू - संसार।
तेरा एक एक तिथि - वार!

रखता है सौ सौ इतिहास,
उद्यत हो तू, न हो उदास।
हुये सिद्धजन यहाँ अनन्त—
कृती, व्रती विजयी, बुध सन्त।

तिथियों, जयन्तियों की गोद
हमें पालती रहे समोद।

◆

१. पंक—कीच, पाप। २. निधन—मरण।

युवकों के प्रति

हिन्दू - युवक, उठो तुम आज—
रक्खो निज समाज की लाज।
हो तुम पर विभु की वर-वृष्टि;
लगी तुम्हीं पर आशा - दृष्टि।

अपना गौरव, अपनी ख्याति,
भूल गई है हिन्दू जाति।
उसे दिलाओ उसकी याद,
मेटो उसका महा प्रमाद।

शाला और सभाएँ खोल,
तथा कथा - कीर्तन अनमोल,
कर करके तुम बारंबार,
हिन्दूपन का करो प्रचार।

जागे हिन्दू में हिन्दुत्व,
यही सिन्धु का है विन्दुत्व।
क्षेत्र बना है, बो दो बीज,
कभी न होगी उसकी छीज।

◆

गाँवों का सुधार

करके शिक्षा - कार्य समाप्त,
विद्यालय की पदवी प्राप्त,
फिर तुम ग्रामों में कर वास
ग्रामीणों का करो विकास।

शुद्ध सरल जीवन के साथ
रक्खो उन पर अपना हाथ।
उन पर—उपजाकर भी अन्न—
रहते हैं जो स्वयं विपन्न!

करते हैं श्रम वे जी तोड़,
मरते हैं फिर भी ऋण छोड़!
बतलाओ कुछ उन्हें उपाय,
बढ़ा सकें वे अपनी आय।

संक्रामक रोगों की छूत
(जिसे समझते हैं वे भूत)
कर न सके उनका अपघात,
उन्हें बताओ उसकी बात।

साधारण रोगों को रोग
नहीं मानते हैं वे लोग।
मिथ्या विश्वासों के ग्रास—
बनें, भोगते हैं बहु त्रास।

देखो दृश्य करुण - वीभत्स
मरते हैं उनके बहु वत्स।
छुरे काटते हैं जो नार
होते हैं बहुधा सविकार।

उनका विष, शोणित के संग,
(जैसे दंशन करे भुजंग)
होकर सब शरीर में व्याप्त,
कर देता है उन्हें समाप्त!

कौन कहे, कैसे गुणपाल
होते उनमें कितने बाल?
हाय! हमारे कितने लाल
लूट रहा है काल—अकाल!

दो जाकर तुम उन्हें प्रबोध;
करो न उन पर घृणा न क्रोध।
उनमें हैं श्रद्धा के भाव,
पालेंगे वे सब प्रस्ताव।

दो उनको साहस, विश्वास,
लें निर्भय होकर निःश्वास।
पाकर तुमको अपने बीच
समझें वे न आपको नीच।

उन पर कोई, किसी प्रकार,
कर न सके अब अत्याचार।
समझें वे अपने अधिकार,
और करें अपना उद्धार।

फूलो तुम गाँवों में फैल;
धन तो है इस तन का मैल।
होगे तुम्हीं वहाँ वर व्यक्ति;
सभी करेंगे सेवा, भक्ति।

पाकर तुम जैसा अवलम्ब
उभरेंगे वे बिना विलम्ब।
पाकर शुचि भोजन, शुचि वायु,
पाओगे तुम भी दीर्घायु।

उनके साथ, उन्हीं में पैठ,
ऊँची चौपालों पर बैठ,
देश-विदेशों के संवाद
उन्हें सुनाओ,—हरो प्रमाद।

खेतों की मेंड़ों के मंच,
तुम्हें संकुचित करें न रंच।
वहाँ तुम्हारे हों व्याख्यान,
बढ़े निरन्तर उनका ज्ञान।

करो कला-कौशल-विस्तार
जिससे हो उनका निस्तार।
मिले उन्हें शिक्षा सर्वत्र,
तुम हो उनके छाया-क्षत्र।

तुम्हें स्वरक्षक, शिक्षक जान,
दे न सकेंगे वे प्रतिदान।
किन्तु असीसेंगे जी खोल;
होगा वह कितना अनमोल!

उनके बच्चे करके होड़
पेड़ों पर चढ़ चढ़, फल तोड़,
देंगे जो तुमको उपहार
होंगे वे मानों फल चार!

अपना राष्ट्र जाति निज जीर्ण
है ग्रामों में ही विस्तीर्ण।
जाकर वहाँ जलद - सम आप
मेटो तुम उसका उत्ताप।

होगा तुमको कितना पुण्य?
सफल करो अपना नैपुण्य।
पाओगे मन का सन्तोष,
लुटें कि जिस पर धन के कोष!

करके थोड़े में निर्वाह,
छोड़ो बहु वेतन की चाह।
करना है यदि देशोद्धार
तो कुछ त्याग करो स्वीकार।

धन है क्या जन से भी श्रेष्ठ?
मान और मन से भी श्रेष्ठ?
वह है दान - भोग के योग्य,
बनों न उलटे उसके भोग्य।

'अधम चाकरी' में हो लीन,
कैसे तुम होगे स्वाधीन?
'उत्तम खेती' करो सहर्ष,
पाओगे आर्योचित उत्कर्ष।

खेती से सबका निर्बाह,
उसमें नहीं किसी की आह।
उलटा सबका सामंजस्य
साम्य - भाव का भरा रहस्य।

अन्न - वस्त्र से ही निज ग्राम
हो निश्चिन्त न लें विश्राम।
आवश्यक साधन सब अन्य
स्वयं सिद्ध करके हों धन्य।

स्वावलम्ब ही तो है स्वर्ग,
उस पर सब कुछ हो उत्सर्ग।
अपना ग्राम ग्राम हे राम,
हो ज्यों एक एक सुखधाम।

हिन्दू, सफल करो यह लक्ष,
फिर सतयुग आ जाय समक्ष।
हों या न हों आज के यन्त्र,
होगे तुम सम्पूर्ण स्वतन्त्र!

◆

पराया मोह

औरों की आशा है त्याज्य,
जहाँ नहीं वह वहीं स्वराज्य।
दे, बस तुम्हें तुम्हारा देश
आवश्यक उपकरण अशेष।

है आदान एक अपमान,
कर न सकें यदि हम प्रतिदान।
रक्खोगे तुम किस पर भार?
ऋणी तुम्हारा है संसार।

करके अर्थ - धर्म की सिद्धि,
काम - रूप निज कुल की वृद्धि।
करो मुक्ति-साधन तुम सभ्य,
क्रम से कुछ भी नहीं अलभ्य।

दया करो अपने पर आप,
न लो पूर्वजों का अभिशाप।
बना बनाया है पथ पूत,
तुम चलकर ही बनो सपूत।

छोड़ो अब भी यह आलस्य,
जीवित ही मृत न हो वयस्य।
उठो, सँभालो अपना वेश,
देखो घर कि रहा क्या शेष?

जो है वह भी अस्तव्यस्त,
करो उसे फिर तुम विन्यस्त[१]।
और न होने दो निज हानि,
मेटो अब तक की सब ग्लानि।

---

१. विन्यस्त—स्थापित, सज्जित।

देख रहे हो किसकी राह?
नहीं समझते हो तुम, आह!
जो न करेगा आप उपाय,
होगा उनका कौन सहाय?

औरों की बातों में लीन
मत समझो अपने को हीन।
उनकी चित्रसारियाँ लक्ष
हों अब भी 'निज गुफा[१] समक्ष!

विभु का विशेषत्व सब ओर,
उसका कोई ओर न छोर।
पर यह उसकी लीला-भूमि,
है विशेष गुण-शीला भूमि।

बहुरत्ना वसुमती विशाल,
सभी कहीं माई के लाल।
देखो सबकी झलक अमन्द,
किन्तु पलक निज करो न बन्द।

आदर्शों की है निज जाति,
ज्यों मुक्ताजननी है स्वाति।
पुरुषोत्तम ही अपने ध्येय,
जो अमरों को भी अज्ञेय।

जगती भर में सबसे ज्येष्ठ
रहे तुम्हारे पूर्वज श्रेष्ठ।
अब भी कहाँ मिलेगा अन्य
गान्धी तुल्य धीर कुल-धन्य?

पश्चिम के वे आविष्कार
कर बैठे कितना संहार?
किसका वह वैज्ञानिक धन्य
देखो जो जड़ में चैतन्य?

---

१. गुफा-अजन्ता से अभिप्राय है।

भूल गये तुम अपना योग
जिसके निकट भोग हैं रोग।
अब भी दो यदि उस पर ध्यान
तो पाओ बहु रवि - विज्ञान।

सब है तुममें अतुल अटूट,
किन्तु साथ ही है वह फूट।
और नीति अब की है कूट,
इसीलिए है यह सब लूट!

संघ-शक्ति

करो संघटन, पालो पक्ष,
स्वयं प्राप्त हो लक्ष समक्ष।
तोड़ा चाहो कलियुग - जंघ
तो हो बली, बनाओ संघ।

पाओ, तन - मन का आरोग्य,
आओ, हो जाओ इस योग्य।
तुम पर हो जिसका जो भाव
उससे करो वही बर्ताव।

◆

चातुर्वर्ण्य

अपना चातुर्वर्ण्य विधान,
है गुण - कर्म - स्वभाव - प्रधान।
छोड़ो ऊँच - नीच का दम्भ,
सम है हम सबका आरम्भ।

वह विराट है एक उदार
जिससे जन्में हैं हम चार।
कौन अंग है उसका हेय?
प्रथम चरण ही प्रभु के ध्येय।

सभी जन्म से शिशु सुकुमार;
फिर गुण, कर्म, प्रकृति, संस्कार।
इन चारों के ही अनुसार
वर्णों के हैं चार प्रकार।

मन से और वचन से एक,
जन - सेवा जीवन से एक,
अन्न उपार्जन, धन से एक
करें यथोचित तन से एक।

ये चारों ही मान्य समान,
हो समाज में सबका मान।
तभी हमारी होगी बृद्धि,
और देश की सिद्धि - समृद्धि।

यहाँ जातिगत होकर कर्म
बनें और बढ़कर थे धर्म।
पाकर परम्परा का पर्व
सहज—सुसाध्य—हुए थे सर्व।

पर हम निकले ऐसे भ्रष्ट—
किया सभी कुछ अपना नष्ट।
फिर भी शुल्क जाति अभिमान—
करते हैं निर्लज्ज-समान!

आज द्विजत्व कहाँ निज हाय!
हम सब हैं बस, वृषलप्राय[१]।
या तो भिक्षुक हैं, या भृत्य,
भूल गये हैं कृत्याकृत्य!

कोई आज जनेऊ डाल—
बन जावे जो चाहे हाल।
बना यहाँ वह उलटा पाश,—
है आयुर्बलतेजोनाश!

जिस तिश को ब्राह्मण कर आज
तुम न बढ़ाओ नष्ट समाज।
करो, चाहते हो यदि सिद्धि,
सच्चे ब्राह्मणत्व की वृद्धि।

◆

---

१. वृषलप्राय—शूद्र के समान।

मत-स्वातन्त्र्य

व्यापकता से होकर भ्रष्ट,
न हो संकुचितता में नष्ट।
वर्ण भेद का अनुचित भाव
करे न हिन्दूपन पर घाव।

पक्षपात है न्याय - विरुद्ध,
दलबन्दी है घर का युद्ध।
प्रतिनिधि - निर्वाचन का कार्य
दे तुमको साहस, औदार्य।

दूध - दुहाई और दबाव,
कभी न अपने मन में लाव।
तभी तुम्हारे मत की मुक्ति,
वह अन्यथा अन्य की उक्ति।

अपनों का भी अन्ध चुनाव,
है मकड़ी का जाल बुनाव।
उससे क्या होगा उद्धार?
उलटा बन्धन है तैयार।

रह न जाय वह जन उपयुक्त,
न हो तुम्हारा जो कुलभुक्त।
मतदाता माली अनुकूल,
चुन लें काँटों में भी फूल।

◆

अपनों का अनादर

हिन्दू, न हो आप अनुदार,
छोड़ो वे संकीर्ण विचार।
किया तुम्हीं ने जगदुपकार,
करो आज अपना उद्धार।

अपनों पर अपनों की ग्लानि,
करती है यह किसकी हानि?
अपना एक बड़ा समुदाय
है बन रहा विधर्मी हाय।

◆

प्रतिकार

हमें बनाने को बेधर्म,—
होते हैं कैसे क्या कर्म?
करके उनका उचित विचार,
करो यत्नपूर्वक प्रतिकार।

जागो, त्यागो मोह-प्रमाद,
लो घर-बाहर के संवाद।
देकर अन्य राज्य बहु ऋद्धि,
करते हैं अपनों की वृद्धि।

किन्तु हमारा ही जब ह्रास,
तब क्यों उपजे हमें न त्रास?
हिन्दूराज्य हरें यह भीति,
समुचित है संरक्षण नीति।

जो आघात वही प्रतिघात,
यह तो स्वाभाविक बात।
हिन्दू, सजग रहो, सब ओर,—
लगे धर्म - धन के हैं चोर।

विधर्म

किसमें यह साहस, यह शक्ति,
हमें सिखावे श्रद्धा - भक्ति,
और दिखावे सच्चा धर्म,
जो है हिन्दू का कुल - कर्म?

ईसा महापुरुष हैं मान्य,
क्षमामूर्ति, व्रतवीर वदान्य[१]।
धर्म विषय में वही सुपात्र,
हैं इस भारत के ही छात्र।

फिर भी हा! यह कैसी लाज
हिन्दू ईसाई हों आज!
घर की घृणा और यह पेट,
उभय ओर है चोट - चपेट।

इसीलिए हिन्दू सन्तान,
आज अधिकतर हैं क्रिस्तान।
इसीलिए निज धर्म विहाय,
हिन्दू मुसलमान हैं हाय!

सरल रसूल नबी का धर्म,
रखता हो चाहे जो मर्म।
दीख पड़ा दृढ़ता के साथ,
खुला खंग ही उसके हाथ!

''देकर औरों को तुम आप—
मुझे दिलाओगे अभिशाप।''

---

१. वदान्य—उदार, दानी, मृदुभाषी।

अपनों से जो बारंबार,
यह कह गया पुकार पुकार।

देकर उस रसूल को शाप
ले सकते हैं क्या हम पाप?
साधुवाद उसको शत बार
पर हा! यह कैसा व्यापार—

गये खंग के दिन जब दूर,
तब अब उसी धर्म के शूर;
ले रंडी - भड़ुओं की फौज
लेने चलें विजय की मौज!

पशुवल बहा, बहा, बह जाय;
केवल छल - कौशल रह जाय।
हे रसूल, हे पाक रसूल!
सच था तेरा शंका - शूल।

पालें हम सब कुछ आचार,
पर हैं आदत के लाचार।
पाकर तो भी तुझ - सा छत्र
हुए क्रूर - कलही एकत्र!

बाजीगर का है यह काम,
उसे रीछ भी करें सलाम।
दिया गया तू वही जमाल,
बहशी[१] बन्दे बनें कमाल!

आ, फिर इन्हें दिखा तू राह,
पर तू तो अन्तिम था आह!
तो अब इनके लिए उपाय?
बस ईश्वर ही करे सहाय।

---

१. 'चलन जितने उनके थे सब बहशियाना फसादों में कटता था उनका जमाना।'

पुण्य पाप को लेकर साथ,
हो सकता है कभी सनाथ?
अपने बल से आप विशाल
रहता है सुधर्म सब काल।

फिर भी, फिर भी, हा हत भाग्य,
हमें धर्म से है वैराग्य!
क्या है इसका सरल निदान,
''सब से कठिन जाति अपमान!''

◆

जाति बहिष्कार

हे हिन्दू-समाज, उठ जाग,
लगी हुई है घर में आग।
मची हुई है कुल की लूट,
गई हिये की भी क्या फूट?

रहा कहीं ऐसा ही हाल
तो समीप है तेरा काल!
उठ, अब भी कह दे तू स्पष्ट—
हुए, न होंगे हिन्दू नष्ट।

रीत रहा जो तेरा कोष
इसमें है तेरा ही दोष।
व्यय है जहाँ नहीं है आय
कब तक वहाँ कुशल है हाय?

तू अपना धन हटा न और,
अब अपना तन कटा न और।
कर निज पतितों का उद्धार,
और खोल दे उनका द्वार।

हिन्दू - कुल का संकट काल
आपद्धर्म पालकर टाल।
हो सकती है सबसे भूल,
न दे व्यवस्थाएँ प्रतिकूल।

राम-कृष्ण के पावन नाम,
गंगा-तुलसी, शालिग्राम,
किन पतितों को, सोचो मित्र!
कर सकते हैं नहीं पवित्र?

पतितों के ही त्राण-निमित्त,
कहे गये हैं प्रायश्चित्त।
जगती में जब तक है बुद्धि
नहीं बेतुकी तब तक शुद्धि!

भूले - भटके भाई - बन्द
जो आवें, आवें सानन्द।
उन्हें सँभालो, दो साहाय्य;
न्यायी बनो यही है न्याय्य।

भूल न जाओ, बिना समष्टि[१]
रही, न रह सकती है व्यष्टि[२]।
तुम न उन्हें दोगे अवकाश
तो लेंगे अन्यत्र निराश।

ऐसे और बहुत तैयार,
करें उन्हें जो अंगीकार।
अपनों को पर करो न और,
जो जड़ जायँ दूसरी ठौर।

होते हैं निज जब पर-दूर,
बनते हैं अरि से भी क्रूर।
वृक्षों को वह बेंट कठोर,
है कुठार से भी अति घोर!

किया गया जब जाति-भ्रष्ट,
विप्र बृहस्पति पाकर कष्ट,
कोई और उपाय न ताक,
बना भयंकर था चर्वाक।

इसी लोक में सब कुछ जान,
मरणोत्तर कुछ और न मान

---

१. समष्टि—समग्रता, समाज। २. व्यष्टि—एक एक, व्यक्ति।

ऋण लेकर, खाकर घी-खाँड़,
बना फिरा जीवन भर साँड़।

सह न सका वह दारुण दण्ड,
स्वेच्छाचारी बना प्रचण्ड।
हुआ भले ही 'भस्मीभूत'
किन्तु छोड़कर निज मत-दूत!

सह लें हम स्वजनों की मार,
रहता है उसमें भी प्यार।
किन्तु घृणामय उनका भाव,
कर देता है दुस्सह घाव।

त्याग रहे अपनों को आज
कैसे रक्खोगे तुम लाज?
दुष्कुल से भी रमणीरत्न,
लेते थे तुम स्वयं सयत्न।

बनो गुणग्राहक तुम लोग,
निकल न जावे कहीं सुयोग।
जो पर हैं, अपने हो जायँ,
न कि उलटे अपने खो जायँ।

शुद्धि, किन्तु अपनी भी संग,
त्याज्य गलित अपना भी अंग।
विजातीय विज्ञ वदान्य
समझो सजातीय सम मान्य।

हिन्दू मुसलमान क्रिस्तान
परम पिता की सब सन्तान।
सभी बन्धु हैं लघु या ज्येष्ठ,
मत से मनुष्यत्व है श्रेष्ठ।

लिखी नहीं माथे पर जाति
गुण-कर्मों से उसकी ज्ञाति।

सबके दो पद हैं दो हस्त,
सजातीय हैं मनुज समस्त।

आप[1] निम्नगामी है आप,
पर उसको भी तपः[2]-प्रताप
कर देता है उच्च उदार,
और नहीं रहता फिर क्षार।

हैं उत्थान पतन सर्वत्र;
हम सब कर्म - पवन के पत्र।
किन्तु नीच उठ सकें न यत्र
होंगे पतित उच्च भी तत्र।

◆

१. आप—जल। २. तप—तपस्या और ग्रीष्म।

अछूतों का उद्धार

रहो न हे हिन्दू, संकीर्ण,
न हो स्वयं ही जर्जर - जीर्ण।
बढ़ो, बढ़ाओ अपनी बाँह,
करो अछूत जनों पर छाँह।

हैं समाज के वही सपूत,
रखते हैं जो सबको पूत।
क्यों अछूत जन हुए अछूत?
उनको लगी हमारी छूत।

है समाज - शिशु की जो धाय,
उस संस्था पर यह अन्याय!
कि हो देव - दर्शन तक बन्द!
रहा न ईश्वर भी स्वच्छन्द?

फिर हम कैसे हों स्वाधीन?
न हों भला क्यों दुर्बल-दीन?
हम पर ईश्वर की फटकार!
रोका हमने उसका द्वार!

परम भागवत ऊँचे आर्य
कहते हैं अपने आचार्य—
"जाति-पाँति पूछे नहिं कोय,
हरि कों भजै सो हरि को होय।"

जपते हो हिन्दू, जो माल
भूल गये क्या उसका हाल?
देखो गुर्रियों का इतिहास,
मिलें कबीर, सदन, रैदास।

अपने विभु के बाहु विशाल,
शवरी हो या गुह चाण्डाल।
सोख सूर्य-सम नारे पंक,
भर लेते हैं उसको अंक।

अन्त समय कह कहीं हराम!
होने से उसमें भी राम,
गया म्लेच्छ था जिनके धाम,
उन प्रभु को सप्रेम प्रणाम।

शुचि होते हैं श्वपच किरात
यथा आर्यगण गंगास्नात[१]।
करके निज चरणों का ध्यान
दें वे हमें सत्व - गुण - ज्ञान।

कुत्ते - बिल्ली से भी दूर
रक्खें अपनों को जो क्रूर
क्या अचरज यदि उनको अन्य
समझें घृण्य, असभ्य, जघन्य।

क्यों अछूत हैं आज अछूत?
वे हैं हिन्दूकुल - सम्भूत[२]!
गाते हैं श्री हरि का नाम!
आते हैं हम सबके काम?

बनें विधर्मी वे अनजान,
मुसलमान किंवा क्रिस्तान
तो हो जाते हैं सुस्पृश्य!
हाय दैव, क्या दारुण दृश्य!

रखते हों यदि हम कुछ शर्म
करें न अपनों को वे-धर्म।
धरे रहें सब शिखा कि सूत्र,
जो न हटावें वे मल-मूत्र।

---

१. स्नात—स्नान किये हुए। २. सम्भूत—उत्पन्न।

जब अपाप है कर्ता आप,
कोई कर्म नहीं तब पाप।
आप अछूत जनों के कृत्य
करती हैं निज माँएँ नित्य।

दलित बन्धु, शुचिता के दूत,
उठो कि छूमन्तर हो छूत।
करो अपूर्व अछूते कर्म,
छू न सके हाँ, तुम्हें विधर्म।

जब तक है सांसारिक दृष्टि
तब तक ऊँच-नीच की सृष्टि,
स्वाभाविक समझो तुम लोग,
ऊँचे बनो, करो उद्योग।

वसुधा भर में हैं वैषम्य
फिर क्या यहाँ नहीं वह क्षम्य?
समता-मूलक है जो ज्ञान
वह भी क्या सर्वत्र समान?

पर इसके कारण क्या हाय।
किया जाय तुम पर अन्याय?
करो समुन्नति का प्रारम्भ
मिटे द्विजों का मिथ्या दम्भ!

करो हमारा क्यों न विरोध,
पर स्वधर्म पर करो न क्रोध।
करके निज सर्वस्व समाप्ति
होगी भला तुम्हें क्या प्राप्ति?

छू देने से ही प्रिय मित्र,
कोई होता नहीं पवित्र।
करे तुम्हें जो यों उत्कृष्ट
उससे बड़ा कौन है धृष्ट।

रहो स्वच्छता सहित सुदृश्य
मलिन-भाव ही है अस्पृश्य।
ऊँचा लक्ष्य करो तुम विद्ध,
साधन कर हो जाओ सिद्ध।

हिन्दू - साधन अक्षय - आप्त[1]
नहीं मृत्यु के संग समाप्त,
वह निज परम्परा के साथ;
न हो निराश, न खींचो हाथ।

जन्म जहाँ चाहे दे दैव,
निज - वश हैं गुण - कर्म सदैव।
पंकज - रूप - रंग या गन्ध
रखते नहीं पंक - सम्बन्ध।

करो अछूतों का उद्धार,
उन्हें सिखाओ शुद्धाचार।
वे समाज के रक्षक अंग,
होने पावें विकृत न भंग।

थे वाल्मीकि व्याध विकराल,
मुनि मतंग भी थे चाण्डाल।
पर तप, त्याग, सुकृत, व्रत साध,
हुए उभय ब्रह्मर्षि अबाध[2]!

ऊँचा कर न सके यदि पुण्य
तो धिक् है उसका वैगुण्य[3]
तब तो हुआ पाप ही धन्य—
करता तो है पतित जघन्य!

हर्ष-सभा का सभ्य सुजान
जो था वाण-मयूर-समान,

---

१. आप्त—प्रामाणिक। २. अबाध—बाधा रहित। ३. वैगुण्य—गुणहीनता।

वही दिवाकर था मातंग[१],
देखो मत केवल वहिरंग।

सबके हित विज्ञानादर्श;
पर न घृणा-मय हो अस्पर्श।
धन्य 'महत्तर'[२] पावन[३] धन्य,
जिनसे निर्मल हैं सब अन्य।

अन्त्यज वैसे नहीं कठोर
जैसे साह बने वे चोर—
जो कृषकों का सब कुछ मूस
रहे रक्त भी उनका चूस।

करते हैं क्षत्रिय आखेट,
भरते हैं आमिष से पेट।
अन्त्यज क्या करते हैं और?
मरते हैं निज प्रभु का पौर[४]!

द्विज तो हैं अब याचक मात्र!
बहुत हुए तो पाचक[५] मात्र!
किन्तु आज भी करके टाल
धर्म पालते हैं चाण्डाल।

हम सबका है एक स्वकर्म;
उसमें मरना भी है धर्म।
पालें सब निज निज कर्त्तव्य
भरा इसी में भव का भव्य[६]

निर्गुण भी स्वधर्म आराध्य,
अन्य धर्म दुर्द्धर - दुस्साध्य।
विषप्रयोगी भिषक सदर्प
धरें न गारुड़ीक सम सर्प।

---

१. मातंग—चाण्डाल। २. मेहतर के लिए प्रयुक्त। ३. पावन—पवित्र करने वाला।
४. बुन्देलखण्ड में बहुधा डाकुओं के डर से मेहतर पहरेदार बनाकर रखे जाते हैं।
५. पाचक—रसोइया। ६. भव्य—कल्याण।

श्वपच नहीं गोपच से हीन,
पर हाँ हिन्दू हैं वे दीन!
इसीलिए हैं वे अस्पृष्ट
क्योंकि दलित हैं हिन्दू धृष्ट!

रक्खें सब निज गौरव गर्व,
मानव ही हैं मानव सर्व।
देकर सबको आदर - दान,
दो निज मनुष्यत्व को मान।

आखिर प्राणि मात्र हैं एक,
विश्रुत है यह आर्य - विवेक।
हैं जितने आचार - विचार
उन पर है सबका अधिकार।

◆

विजातीय

विजातीय भी मन को शोध
आवें, पावें यहाँ प्रबोध।
हिन्दू-धर्म मुक्ति का द्वार,
करे प्रवेश सर्व संसार।

किन्तु शुद्धि कैसी वह हाय!
कोई भी ब्राह्मण बन जाय।
हों चाहे गुण-कर्म विरुद्ध।
किन्तु हो चुके हैं हम शुद्ध!

तदपि चित्त है चपल नितान्त,
सहज नहीं हो सकता शान्त।
उसके लिए विशेष प्रयास—
करना होगा बहु अभ्यास।

सच्चो ब्राह्मणत्व का मेल
नहीं हास्य-कौतुक या खेल।
करो ब्रह्म की प्रथम प्रतीति
तब 'ब्रह्मास्मि' कहो तो रीति।

कर सकते हो यदि तुम जाग,
विश्वामित्र तुल्य तप, त्याग।
तो तुम इतर वंश-सम्भूत
बन सकते हो ब्राह्मण पूत।

द्विज-दीक्षा-भाजन तुम तात,
था ज्यों सत्काम अज्ञात,—
यदि अपमान-लाज-भय भूल,
सत्य प्रकट कर सको समूल।

यों भिक्षा चाहो सब्याज
तो बन जाओ ब्राह्मण आज।
गया फणी तो मणि के संग,
यह कंचुक ले रहा तरंग।

पालो आर्योचित सद्धर्म,
साधो यथासाध्य शुभ कर्म।
पाओगे उनके अनुसार
तुम समुचित आदर सत्कार।

ब्राह्मण क्या उनके भी मान्य,
हो सकते हो व्रती वदान्य।
बनकर ज्ञानी - ध्यानी - धीर
हुए न किसके मान्य कबीर?

आज चार्ल्स विलियम डी० रेष्ट[१]
करके साधन सजग सचेष्ट,
बनकर शुद्ध सदाशय सन्त
हुए हमारे मान्य महन्त।

वह अमरीकन लेडी एक
पाकर हिन्दू - धर्म - ''विवेक''
होकर ''निवेदिता''[२] निःस्वार्थ,
बनी हमारी बहन यथार्थ।

थी द्विजत्व की वहाँ न माँग,
सच्चे भरें भला क्यों स्वाँग?
हुआ जहाँ आत्मा का ज्ञान,
वहाँ और किसका फिर ध्यान?

---

१. ये एक फ्रेंच सज्जन हैं। बहुत दिनों से हिन्दू धर्म में दीक्षित हो चुके हैं। शिमला के एक मन्दिर के महन्त हैं। नाम है मस्तराम।

२. स्वर्गीय भगिनी निवेदिता को स्वामी विवेकानन्द ने हिन्दू धर्म की दीक्षा दी थी।

थी मिस स्लेड[१] सुधीरा अन्य,
बनी हमारी मीरा धन्य।
'सात समुद्रों' का व्यवधान
भागा दूर पराव मान।

मुसलमान रसखान - समान,
कर निज 'ब्रज गोकुल'[२] का गान,
अब भी द्वार खुला है, आयँ
'कोटिन हिन्दू'[३] वारे जायँ।

हममें शुद्ध हुओं का स्थान,
रक्खें अपना—उनका—मान।
सोचे बिना, विषम - पद - दान
बन जाता है विपद - निदान।

कोई कुल हो, कोई देश,
कहीं तुम्हारा रहे निवेश[४],
कर सकते हो तुम स्वीकार,
हिन्दू धर्माचार - विचार।

एक नियम है केवल एक,
रक्खो तुम कुछ क्यों न विवेक।
रुचे तुम्हें वह संस्कृति - मात्र,
तो तुम हिन्दूपन के पात्र।

आदर्शों से हो अनुराग,
और तुम्हें रुचता हो त्याग।
तो हिन्दू चरित्र निष्पाप,
द्रवीभूत[५] कर देंगे आप।

◆

---

१. कुमारी स्लेड फ्राँस के एक सेनापति की पुत्री हैं। वे महात्मा गाँधी की शिष्या होकर सत्याग्रह आश्रम में रहती हैं उनका हिन्दू नाम मीरबाई है।

२. मानुष हौं तो वही रसखान
बसों ब्रज गोकुल गाँव के ग्वारन। —रसखान।

३. इन मुसलमान हरि-जनन पर कोटिन हिन्दू बारिये।—हरिश्चन्द्र।   ४. निवेश—घर।

५. द्रवीभूत—मुग्ध, विगलित, पानी पानी।

धर्मानुशासन

हिन्दू - धर्म कि मानव - धर्म
है अभिन्न दोनों का मर्म।
उसका शासन सुनो सहर्ष,—
जियो कर्म कर के सौ वर्ष।

कर्म - सम्भवा सिद्धि सदैव,
अपना पूर्व - कर्म ही दैव।
सुनों, कर्म कौशल ही योग,
भोगो अनासक्त सब भोग।

करो न औरों के प्रति भूल
समझो जो अपने प्रतिकूल।
समझो स्वात्मा सी सब सृष्टि,
रक्खो सबपर सौहृद[१] दृष्टि।

हमें हमारा धर्म विशाल
आर्य बनाता है चिरकाल;
और बताता है यह कार्य,
कि हम बनालें सबको आर्य,

प्राप्त करें जो कुछ हम लोग,
करें न एकाकी उपभोग।
दें औरों को भी सहयोग,
वे भी प्राप्त करें वह भोग।

जागो और उठो अनिवार्य
साधो आर्योचित सत्कार्य।
होगा वह अवश्य सम्पन्न,
यह निश्चय कर रहो प्रसन्न।

---

१. सौहृद—मित्रता, बन्धुता।

आर्य-धर्म-गत विश्वप्रेम
नहीं चाहता किसका क्षेम?
हैं जितने जड़-चेतन जन्तु
निखिल निरामय सुखी भवन्तु[१]।

पाकर आर्य-देव पितृ-पर्व[२]।
दैत्य, नाग, राक्षस तक सर्व,
पाते हैं हमसे परितोष;
उठता है 'तृप्यन्ताम्' घोष।

हिन्दू नहीं चाहते स्वर्ग,
नहीं चाहते वे अपवर्ग।
करें दुख - तप्तों का त्राण,
यही चाहते उनके प्राण।

◆

---

१. सब निरोग और सुखी हों।
२. पितर-पक्ष से अभिप्राय है।

'तस्य तुष्यति केशवः'

परपीड़न से विरत वियुक्त,
सर्वभूत हित निरत नियुक्त,
देता है सबको सम भाग,
सफल उसी का जीवन - याग।

पड़ने पर भी संकट कष्ट
होने दे जो धैर्य न नष्ट,
और न दे प्रभु को जो दोष
पाता है वह हरि - परतोष।

सुनें प्रेम से जो सब धर्म,
सोचे समझे सबका मर्म,
सब देवों को करे प्रणाम
उस पर रीझे रक्खे राम।

साधे सबका योगक्षेम
पाले प्राणिमात्र का प्रेम,
जितक्रोध जो है अनसूय
समझे उसे भागवत तभूय।

सहायता

जो जन हों असहाय अनाथ,
रक्खो उनके सिर पर हाथ।
शिक्षित बनें अकिंचन बाल,
निकलें वे गुदड़ी के लाल।

स्वावलम्ब

बढ़ें घरेलू बहु व्यवसाय,
जिनसे स्वावलम्ब आ जाय।
हो स्वतन्त्र जीवन-निर्वाह,
रहे किसी को आह न डाह।

कत जावे घर में ही सूत,
लगे न लंकासुर[१] की छूत।
घर की चादर हो तैयार,
न हो किसी पर लज्जा - भार।

घर घर हो नव-कला-प्रचार,
मिटे कलह—कुल का संहार।
चले न कहीं छुरी तलवार,
रुकें न सुई - सलाई हार।

उठें न दण्ड कहीं बल - दृप्त[२],
उठें लेखनी - तूली तृप्त।
गूँजें घर घर हरि - गुण - गीत
हो हिन्दू - जीवन की जीत।

निज वसुधा पर सभी पदार्थ,
सारे अर्थ और परमार्थ।
बनकर कर्मठ, वीर, वदान्य,
प्राप्त करो तुम सब धन - धान्य।

---

१. लंकाशायर का हिन्दी संस्करण। २. दृप्त—गर्वित।

कृषि-सुधार

अब तक तुम हो मेघाधीन
तब तक हो कृषि में भी दीन।
प्रकृति क्यों न अपनी हो आप
उसके भी वश होना पाप!

कभी तुम्हीं थे ऐसे धन्य
परिजन थे मानो पर्जन्य[1]।
करके एक वर्ष कृषि-कर्म
खा सकते थे तुम दस दर्ष।

आज स्वयं भूखी है भूमि,
नीरस है रूखी है भूमि।
सार-हीन है उसका गात्र,
काम नहीं देगा जल मात्र!

अब भी हो तुम कृषि प्रधान,
गोबर का हो रक्खो ज्ञान!
हुए हाय! तुम ऐसे हीन!
खाईं बेच हड्डियाँ बीन!

जितने द्रव्य और हैं अन्न
सब धरती ही से उत्पन्न,
कृषि-सुधार में करो प्रयत्न,
उपजें अन्न-तुल्य ही रत्न!

और करो गोवंश सुधार,
बहे अटूट दूध की धार।
घर घर बरसे "कंचन-मेह"
उपजे बस न एक सन्देह।

---

१. पर्जन्य—मेघ।

नई युक्तियों में हो लीन,
नई उपज हो, स्वाद नवीन।
बीज वही पर नूतन वृद्धि
इन्द्रजाल की-सी कुछ सिद्धि!

फूल - फलों का करो विकास,
बढ़े सुरस, सौन्दर्य, सुवास।
प्रकृति चमत्कारों की खान,
उन्हें प्राप्तकर करो बखान।

◆

प्रचार

ग्राम - ग्राम में ग्रन्थागार,
करें ज्ञान-गुण का विस्तार।
बढ़े हिन्द - हिन्दी पर प्यार,
भरें राष्ट्रभाषा - भाण्डार।

फैलाओ हिन्दू साहित्य,
युग युग का सहचर निज नित्य।
निज भू, निज भूषा, निज वेष,
निज भाषा, निज भाव अशेष।

मृत्युञ्जय

करो न अटल मृत्यु-भय व्यर्थ
रहो समुद्यत उसके अर्थ।
बनो आत्म - साक्षी तुम आप,
स्वयं मिटेंगे सारे पाप।

हो जाओ व्रत पर बलिदान,
क्षय हो, जय हो,—उभय समान।
या तो स्वर्ग, कीर्ति, गुण-गान,
या नव गौरव सुख - सम्मान।

बढ़ें मृत्यु का भय जो ठेल,
रखते हैं उनसे सब मेल।
बाँध शून्य में भी वे सेतु,
फहराते हैं ध्रुव पर केतु।

खोजो मृत्यु, दिखाओ ओज,
जीवन करे तुम्हारी खोज।
वैसी ही गति जैसी मृत्यु,
त्यागो वैसी वैसी मृत्यु।

तुममें पुनर्जन्म - विश्वास,
और अन्त में स्वर्ग - निवास।
रही मुक्ति भी अमृत उलीच,
डरें मृत्यु से नरकी नीच।

तुम स्वधर्म पर हो उत्सर्ग
पाओ स्वर्ग और अपवर्ग।
पर न करो अपना अपघात[१],
वह है महा पाप विख्यात।

◆

१. आत्मा का हनन, आत्मघात।

कर्मों का मर्म

समझो मर्म,—एक ही कर्म,
कहीं धर्म है कहीं अधर्म।
करते हैं रण में जो क्षत्र[1],
वही हिंस्त्र-हिंसा अन्यत्र।

---

१. क्षत्र—क्षत्रिय।

आत्म-रक्षा[१]

करो धर्म-धन-जन का त्राण,
देकर भी—लेकर भी प्राण।
अधम आततायी[२] को मार,
तुम्हें स्वरक्षा का अधिकार।

जो तुमको वध करने जाय,
वित्त[३] वधू को - हरने जाय।
वध्य[४] स्वयं वह वर्वर वन्य[५],
मारो देख उपाय न अन्य।

शासन पर है इसका भार
अपराधी का करे विचार।
समय रहे तो संकट भीति,
उसको सूचित करो सनीति।

आ न सके शासन-साहाय्य,
तो फिर है इसमें ही न्याय्य।
कि जो करे खल तुमपर वार,
तुम भी उस पर करो प्रहार।

केवल शासन - कार्य - विरुद्ध
है निज बलप्रयोग निरुद्ध।
और जहाँ कर सके बचाव
निर्भय उसे काम में लाव।

---

१. भारतीय दण्ड-विधान में, ९६ से १०६ धारा पर्यन्त आत्म-रक्षाधिकार दृष्टव्य। इसी सम्बन्ध में महर्षि मनु की आज्ञा निम्नलिखित पृष्ठ में उद्धृत है।

२. आततायी—अनिष्टकारी, आक्रमणकारी मारने को उद्यत।
गुरु वा बाल वृद्धं वा ब्राह्मणं वा बहुश्रुतं
आततायिनमायान्तं हन्यादेवाविचारयन्॥ (म स्मृति)

३. वित्त—धन। ४. वध्य—मारने के योग्य। ५. वन्य—जंगली पशु।

रक्खो केवल इतना ध्यान
जैसा बतला रहा विधान[1]।
बल से लो उतना ही कार्य
जितना जान पड़े अनिवार्य।

रक्खो अपने देवस्थान,
रक्खो अबलाओं का मान।
बल रहते सहकर अन्याय,
धिक जो न्याय माँगने जाय।

अन्य जनों के भी रक्षार्थ
(प्राप्त पुण्य के प्रिय पक्षार्थ)
करो घातकों पर प्रतिघात,
तो यह है विधि की ही बात।

---

१. विधान—व्यवस्था, कानून।

प्रतिवासी

रक्खो पड़ोसियों का ध्यान,
है विधर्मियों में भी ज्ञान।
यही चाहते हैं भगवान,
भजें उन्हें बहु विध सन्तान।

ले लेकर स्वधर्म का नाम
हुए यहाँ भी भीषण काम।
किन्तु बनें चिर-मति-मुख चुम्ब
बहु-धर्मी फिर एक कुटुम्ब।

दूर करो अनुचित आवेश,
लो अतीत से कुछ उपदेश।
पकड़ भूत-भावी के छोर
देखो वर्तमान की ओर।

◆

मन्दिरों का उद्धार

मठ-मन्दिर सच्चे हों सिद्ध,
न हों वहाँ वे कर्म निषिद्ध।
उनका ऐसा करो सुधार,—
बहे स्वयं श्रद्धा की धार।

ढहे जाँय मन्दिर प्राचीन,
हम बनवाते जाँय नवीन।
तो वह बनवाना है व्यर्थ
मानों ढानें के ही अर्थ!

नष्ट न होने दो निज - चिह्न।
इस सर के वे सरसिज चिह्न।
नहीं शिल्प कौशल ही शेष,
वे निज साक्षी भी अनिमेष।

नीरव भाषा में सविषाद
देंगे वही पूर्व-संवाद।
वे साहित्य - सदृश ही रक्ष्य[१],
रखते हैं वैसा ही लक्ष्य।

१. रक्ष्य—रक्षा के योग्य।

मादकता

करो मोह - मादकता दूर,
हो चरित्र - चर्चा में चूर।
निज चैतन्य मिटाना आप,
क्या ही जड़ता, क्या ही पाप?

न लो अरे, मादकता मोल,
न दो गाँठ का भी धन खोल।
तन से करो साधना नित्य,
मन से शुभाराधना नित्य।

◆

साधु-सुधार

साधु-संत है बीसों लाख,
बनें विभूति कि जिनकी राख।
उद्यत करो उन्हें धर्मार्थ,
सहज सिद्ध हों सब परमार्थ,

जिसके लिए छोड़ सब भोग
धूनी रमा रहे वे लोग,
उसी धर्मपर संकट आज,
समझे उनका साधु - समाज।

रटते हैं वे जिनके नाम,
भूल गये हैं उनके काम।
यदि है उनमें सच्ची भक्ति,
तो फिर दिखलावें कुछ शक्ति।

शेष रहा अब उनका वेश,
भूले वे अपना उद्देश।
एक उन्हीं का करो सुधार
तो मिल सकते हैं फल चार।

जिस समाज पर उनका भार,
कौन करे उसका उद्धार?
जब वह उनका ही समुदाय
आकर उनका न हो सहाय।

तुम गृहस्थ हो मोहासक्त,
पर वे तो हैं विदित विरक्त।
जिन्हें नहीं है भय का नाम,
सत्याग्रह है उनका काम।

जहाँ धर्म का ही व्यवसाय,
और दान - भिक्षा का आय,
वहाँ साधुता का पाखण्ड
क्यों न करेंगे धूर्त का भण्ड।

दीक्षा भी पा जाँय परन्तु
खल ही निकलेंगे खल जन्तु।
छोड़ो स्वर्गंगा के बीच
झक ही मारेंगे बक नीच!

आत्मा - नदी, शील-शुचि-नीर,
सत्य - तीर्थ शम - दम दो तीर।
दया - बीचियों[१] बीच नहाव,
मन का भी तो मैल बहाव।

◆

१. बीचि—रंग।

मुक्ति

बनते थे जो तज धन-धाम
जीवन्मुक्त कि आत्माराम,
मुक्ति मात्र था जिनका मन्त्र,
आज वही हिन्दू परतन्त्र।

छोड़ भुवन के भोग - विलास,
ले लेते थे जो संन्यास,
वे ही आज पराये दास,
बन्दीगृह हैं उनके वास!

होकर जिसके साधक भक्त
बनें भूप भी भिक्षु विरक्त।
वह कैवल्य, परम-पद, मुक्ति,
है पुरुषार्थ उसीकी युक्ति।

पर जो जीवित ही परतन्त्र
बनें दूसरों के कर - यन्त्र,
वे मरकर होंगे क्या मुक्त?
उठो अरे, फिर हो उद्युक्त।

आश्रम, संघ, पीठ, समुदाय,
कितने सम्प्रदाय, आम्नाय[१]
किये यहाँ तुमने निर्माण,
सबका लक्ष्य रहा निर्वाण।

मुक्ति-हेतु तुम सब कुछ त्याग,
लेते थे संन्यास, विराग।
अब पहिले स्वातन्त्र्य-निमित्त
बनो निश्चयी, निश्यचल-चित्त।

---

१. आम्नाय—अभ्यास, परम्परा।

पर - वश न थे प्रथम तुम लोग
तब था उचित वही उद्योग।
अब परावलम्बन का फेर
घात कर रहा तुमको घेर।

धारण करके भी संन्यास
था राजत्व तुम्हारे पास।
निर्भय प्रवज्या[१]-व्रत धार
करते थे तुम तैभी प्रचार।

पत्थर मार मारकर हाय!
अब भी परधर्मी असहाय
मारे जाते हैं जब दूर
तुम्हें कौन सकता था घूर?

बनें स्वयं व्यसनों के कौर,
मुक्ति-योग्य तुमं रहे न और।
छोड़ो फिर अनात्म विश्वास,
मुक्त पवन में लो निःश्वास।

मोह, दैन्य, दौर्बल्य, अशक्ति,
ईर्ष्या, हिंसा, स्वार्थासक्ति,
अकृति, असाहस, भय, सन्देह,
तुम्हें बना बैठे निज गेह।

◆

१. प्रवज्या—संन्यास, प्रवास, पर्यटन।

शासन

कहाँ आज वह शासन हाय!
करके जो शिक्षक - सा न्याय,
मार मारकर जड़ता मेंट,
खड़ा करे फिर हमें समेंट?

दण्डनीय था ऐसा ग्राम
मानों दस्यु जनों का धाम,
जहाँ न हों द्विज श्रुति - सम्पन्न,
खाते हों भिक्षा का अन्न।

धर परिव्राजक का वेष
धरे न जो निजधर्म विशेष
श्वपदांकित[१] कर उसका भाल
देते थे नृप उसे निकाल।

भीतर कोमल, बाहर क्लिष्ट
आज हमें वह शासन इष्ट,
अस्त्रवैद्य - सा अदय उदार,
करे हमारा जो उपचार।

किसे विदेशी - शासन यन्त्र
होने देगा सहज स्वतन्त्र?
करो उसे तुम निजतानिष्ठ,
करे तुम्हें वह विज्ञ - बलिष्ठ।

सुनों, स्वदेशी शासन मात्र
कर सकता है तुम्हें सुपात्र।

---

१. कुत्ते के पैर के चिह्न से चिह्नित।

वही बनाकर उचित विधान,
बन सकता है न्याय - निधान।

धारण कर संरक्षण - नीति
वही मेंट सकता है भीति।
वही बचा सकता है अन्न
कर सकता है फिर सम्पन्न।

सन्तान-संघ

लो पहले इहलौकिक मोक्ष,
पीछे है परलोक—परोक्ष।
करो स्वतन्त्र-संघ संस्थान,
जहाँ सन्त पद हो सन्तान।

हो आदर्श वही संन्यास
करें वहाँ केवल नर-वास।
सुधी साधु ही विज्ञ, वरिष्ठ
हों प्रविष्ठ उसमें नयनिष्ठ।

त्यागें वे विषयों के गन्ध,
रख न सकें धन जन-सम्बन्ध।
रक्खें राज-नीति का ज्ञान
और समाज-धर्म का ध्यान।

बन न जायँ स्वामीजी मान्य,
सबके सेवक बन वदान्य।
घर घर घूमें करें प्रचार,
समझावें सबके अधिकार।

राजा कर पावे न अनीति,
प्रजापाल पावे न कुरीति।
वे सदैव अन्याय - विरुद्ध
करें शूर सैनिक - सम युद्ध।

झेल सकें वे सारे कष्ट,
न हों अहिंसाव्रत से भ्रष्ट।
रक्खें सत्याग्रह, सौजन्य,
रहें राष्ट्र के रक्षक धन्य।

उनका ग्रासाच्छादन - भार।
करें राष्ट्र मिलकर स्वीकार,
वे उस पर मरने के अर्थ,
प्रस्तुत रहें सदैव समर्थ।

साधु जनों की कहाँ न साख,
हममें हैं वे बावन लाख।
बने अयुत भी ऐसे सन्त,
तो हो सब अवनति का अन्त।

बनकर ऐसा संघ यथार्थ,
करे राष्ट्र-सेवा निःस्वार्थ।
तो विभाग ही बनें स्वतन्त्र,
साधे जो समयोचित मन्त्र।

राष्ट्र - पुरोहित हों वे लोग,
जागें, करें उचित उद्योग।
तो निश्चिन्त गृहस्थ - समाज,
पहले ही जैसा हो आज।

फिर हो वही शान्त-रस-वृष्टि,
आश्रम और तपोवन-सृष्टि।
सिंहों में भी मृग जी जाँय,
एक घाट पानी पी जाँय,

फिर वे मित्र - चक्षु हों प्राप्त,
दीखे सबमें स्वात्मा व्याप्त।
फिर हो पुष्ट पुण्य का पक्ष,
मिले सत्य, शिव, सुन्दर लक्ष।

◆

मायावाद

छोड़ो मौखिक मायावाद
अलं[1] विषाद और अवसाद।
भव असार ही सही सदैव,
कण्टक किन्तु कण्केनैव[2]।

भूलो इसे न सज्जन, सन्त,
कर्मों से कर्मों का अन्त।
यह संसार साधनाधार[3]
क्या उपेक्ष्य है किसी प्रकार?

तुम देखो कि न देखो हार,
ताक रहा तुमको संसार।
बाबाजी छोड़े, पर हाय,
कम्बल छोड़े तब न बसाय!

जहाँ कर्म करके भी लोग,
नहीं चाहते थे फल भोग—
वहीं आज प्रतिकूल प्रवाह,
कर्म न करके फल की चाह!

◆

---

१. अलम्—बस, और नहीं।
२. काँटे से ही काँटा निकलता है।
३. साधना का आधार।

उच्च कुलों का अन्त

लेने से असमय वैराग्य,
शून्य हुआ भारत का भाग्य।
इसके दण्डरूप शत रोग,
रहा अभागा अब तक भोग।

कितने निज जन सुधी सशक्त,
अविवाहित ही हुए विरक्त।
परम्परा होने से भ्रष्ट
हुए श्रेष्ठ बल - बुद्धि विनष्ट!

उनका बीज उन्हीं के साथ,
मिटा, हुई यह भूमि अनाथ!
मोती गया, रही बस सीप!
बना बुद्ध - युग बुझता दीप।

गये महाभारत में वीर,
बौद्ध-संघ में धीर - गभीर।
शेष भोर के-से नक्षत्र,
रहे राष्ट्र के छाया-छत्र।

हरा भरा वह व्रज सब हाय
यों ही उजड़ गया निरुपाय।
हुए इधर जितने गोपाल,
शेष उसी व्रज के हैं बाल।

श्रीमच्चन्द्रगुप्त, चाणाक्य,
विक्रम, शंकर, सब कुछ शक्य।
रामदास, शिवराज नरेश,
थे उन शेषों के ही शेष।

क्षात्र तेज वह ब्राह्म विभूति,
लौटे फिर सुन कर कुल-हूति[1],
तो अब भी हत भारतवर्ष,
पा सकता है पूर्वोत्कर्ष।

---

१. हूति—पुकारना।

सन्तान वृद्धि

पर निज दुर्बल सन्तति-वृद्धि,
कर न सकेगी वह क्षति-वृद्धि।
मृत्यु बढ़ावेगी या भृत्य!
भले नहीं वे दोनों कृत्य।

हैं बच्चों के बच्चे व्यर्थ;
न लो सुफल भी कच्चे व्यर्थ।
बनो संयमी, बनों समर्थ;
अपने और वंश के अर्थ।

शिक्षा, दीक्षा, रक्षा-योग्य
प्राप्त करो धन, बल, आरोग्य।
तब उत्पन्न करो सन्तान,
तभी सुगति होगी मतिमान।

निज कुल - दीप आज हैं मन्द?
शिशुओं का रोंना तक बन्द।
सर्वदमन थे जहाँ प्रसूत
वहीं—अरे चुप, आया भूत!

शैशव में ही भय का पाठ!
हमें मार जाता है काठ!
बाहर भीतर एक निषेध,
अपनी बलि, अपना गृहमेध!

जब कि नहीं सोते निज बाल,
रोते हैं आँखों के लाल।
हम ऐसे शिशुपाल कराल,
क्षमा करें कब तक गोपाल?

साहस कहाँ, कहाँ उत्साह
नहीं सूझती हमको राह।
शैशव से ही भाराक्रान्त,
हम हैं यौवन में ही श्रान्त।

हैं आलोक-चित्र-पट[1] डिम्ब[2]
पड़ने दो न बुरे प्रतिबिम्ब।
बीज सदृश शैशव संस्कार
बनते हैं वट वृक्षाकार।

रत्नों में माई का लाल,
जीवन का फल वही रसाल।
करो तनिक करके आयास
उसकी रक्षा और विकास।

◆

---

१. फोटो लेने के प्लेट।
२. डिम्ब—शिशु; बच्चा।

निस्सन्तान

यदि अपुत्र हो, ले लो गोद—
कोई संस्था, संघ समोद—।
जहाँ राष्ट्र - सुत सौ सौ छात्र
श्रद्धांजलि दें, बनें सुपात्र।

◆

मितव्यय

मितव्ययी हो, कृपण न, आर्य!
नहीं अपव्यय है औदार्य।
ऋण ले लेकर करो न नाम,
यह है चार्वाकों का काम।

न दो आज तुम ऐसा भोज,
कल ही पड़े अन्न की खोज।
सुनकर कहीं एक दिन 'वाह'
करनी पड़े न चिर दिन 'आह'।

करो देव - पितृ - ऋण - परिशोध,
रक्खो किन्तु वित्त-बल-बोध।
सदय देव - पितरों के अर्थ
कुसीदिकों[१] में फँसो न व्यर्थ।

होगे देव - पितर तब तुष्ट
जब हों भक्त पुत्र परिपुष्ट।
ऋणी तुम्हें निज हेतु विलोक
होगा उनका उलटा शोक!

ऋण लेकर ऋण से उद्धार
हो न सकेगा किसी प्रकार।
होगा केवल नूतन भार
जिससे पिसें स्वतन्त्र विचार।

नहीं उड़ा देने को द्रव्य,
भव में विभव[२] भाव ही भव्य।
धन है साधन सा साकार,
व्यापक है उसका उपकार।

किन्तु नहीं साधन हो साध्य,
आत्मभाव ही है आराध्य।

---

१. कुसीदिक—सूदखोर। २. विभव—धन।

गणिका-रूप-तुल्य वह अर्थ
छोड़ो जो कर उठे अनर्थ।

करें समाज विधान न बाध्य,
वे हों सहज, सौम्य[१], सुख साध्य।
चलो अवस्था के अनुकूल,
कभी अपव्यय करो न भूल।

कहीं फँसाकर गला कि हाथ
नाक रख सकोगे गृहनाथ?
ऋण का बोझा सिर के संग
क्यों न तुम्हारा हो कटिभंग!

जीवन की चिन्ता में लीन,
मरते हैं हम जीवन-हीन!
भीतर रहे होलिका-दाह,
बाहर दीवाली की चाह!

जन्म-विवाहों पर हम झूम
कर दें ऋण लेकर भी धूम।
तनयों के तन - मन की पुष्टि
कैसे करें बँधी है मुष्टि!

विपुल कुटुम्बी वित्त - विहीन—
हिन्दू की गतियाँ हैं तीन—
जन्म - मृत्यु के बीच विवाह,
है बस हरि के हाथ निवाह!

रक्खो घर की ऐसी चाल,
सको दृष्टि बाहर भी डाल।
अपनी ही चिन्ता में व्यस्त,
भूल गये तुम और समस्त।

---

१. सौम्य—सुन्दर।

भीतर

वैष्णव - शाक्त वैदिक - स्मार्त,
फिर भी हम क्यों आतुर आर्त्त?
घर में प्रेतों का उत्पात,
न हो बाल - बच्चों का घात!

निज शुचिता के मद में चूर,
"अधम अछूतों" से हम दूर।
फिर कैसे आई यह छूत,
घर में घुस आये जो भूत?

साईं साहब को बुलवाव!
कुछ दिन उन्हें यहीं सुलवाव!!
दौड़ो झट तकिया में जाव!
मन्नत मानों, भेंट चढ़ाव!!!

सगुण और निर्गुण को छोड़,
त्याग देव तेतीस करोड़।
पूजो मूढ़ो, मियाँ मदार;
तजो बोधितरु[१], भजो मदार[२]!

पर न जायेगा यह गृह-भूत,
कहाँ पायगा ऐसे ऊत?
सम्भव है आवे वह योग,
निकल जायँ घर के ही लोग।

हिन्दू, हाय! तुम्हें धिक्कार!
क्यों न हँसे तुम पर संसार?
विधर्मियों का जादू - जाल
जिन पर चले, मरें वे लाल।

---

१. बोधतरु—पीपल। २. मदार—आक।

क्यों न तुम्हारे घर हों खेत
एक नहीं उनमें सौ प्रेत।
कूड़ा कर्कट, सील, कुवास,
सड़ा पनाला, मैला पास!

रात मच्छरों का उत्पात
दिन में भिन भिन, घिन घिन-घात
रहे न तुम इतने भी छार,
सको मक्खियाँ भी जो मार!

सोना और जागना पाप!
हुआ तुम्हें किसका अभिशाप?
रह जाओ कहकर—''हा दैव''
बस ''वेताल पुनस्तत्रैव''!

तनिक शून्य से निज मुख फेर,
छोड़ अदृष्ट - पिण्ड कुछ देर,
डालो निज कर्मों पर दृष्टि,
सृजी तुम्हीं ने यह भय - दृष्टि!

बिगड़ी है गृह - दशा नितान्त,
कैसे रहें कहो ग्रह शान्त?
छोड़ो अब भी अरे प्रमाद,
है निज नास्तिकत्व विधि-वाद!

◆

बाहर

आओ, घर से बाहर बन्धु,
नहीं यहाँ पर नाहर बन्धु!
स्वच्छ समीरण में लो साँस,
न यों सड़ाओ अपना माँस!

देखो तनिक घूमकर लोक,
तुम्हीं विचरते थे बेरोक।
देते थे सबको उपदेश,
कहाँ न थे आर्योपनिवेश?

हुआ भ्रमण भी तुमको भार,
अचल तुम्हारा है संसार!
आज तुम्हारी गति है रुद्ध,
कैसे रहे कहो मति शुद्ध?

जब तक था पानी कि प्रभाव,
तब तक चली तुम्हारी नाव।
अब अगम्य है रत्नागार,
फिर कैसे हो बेड़ा पार?

न डरो, जाति न होगी भ्रष्ट,
बढ़ो, करो यह जड़ता नष्ट।
यात्रा के अनुभव - आनन्द,
प्राप्त करो, विचरो स्वच्छन्द।

देखो औरों के उद्योग
शिक्षा लो, छोड़ो न सुयोग।
किया किये तुम पारा विद्ध,
बाहर हुई रसायन सिद्ध!

जानो देश देश की चाल,
दृष्टि सूक्ष्म हो और विशाल।
समझो सबकी बातें चार
रीति - नीति, आचार - विचार।

इहलौकिक उन्नति कर अन्य,
उड़ते हैं अम्बर में धन्य।
असमय में ही तज निज ओक[१]
तुम चल देते हो परलोक।

देखो कुछ औरों की शक्ति
करो तनिक तो आत्मविरक्ति।
बनो आर्य मत मूँछ उमेंठ
रस्सी जली न छूटी ऐंठ!

रहकर विजातियों से भिन्न,
आपस में ही सब विच्छिन्न।
पाया तुमने समुचित दण्ड,
ईश्वर सहता नहीं घमण्ड।

उस भगवत की सारी भूमि,
न्यारी नहीं तुम्हारी भूमि।
'म्लेच्छ देश' में भी विश्वेश,
बना वहाँ विज्ञान - निवेश।

निज दूषण भी सद्गुण - कोष,
विजातीय गुण भी हैं दोष
होता है जिससे यह भान
झूठा है वह जात्याभिमान।

१. ओक—आश्रम, घर।

भूल-सुधार

समझो अब भी अपनी भूल,
मिट जाओ जिसमें न समूल।
रखकर किसी एक पर भार,
मत सोओ सब पैर पसार।

डूबे यदि क्षत्रिय दुर्द्धर्ष,
तो डूबा सब भारतवर्ष।
क्या कर सके अन्य सब वर्ण?
बैठे विवश दबा कर कर्ण।

"कोउ नृप होइ हमें का हानि,
चेरी छोड़ि न होउव रानि।"
यह चेरी का ही प्रस्ताव,
नृप क्या, हम में सोहम् भाव!

◆

मोह

तजो कुपन्थ मन्थरा-रूप
है प्रच्छन्न पास ही कूप।
कैसे हो कोई भी भूप?
वह है प्रजा-प्रेम-बलि-यूप।

किन्तु कहाँ से आया ओह!
हम में ऐसा माया-मोह।
चेरी की ही बातें मान,
हम चेरे हो गये निदान।

उदासीनता में ही लीन।
हम औरों के हुए अधीन।
वे ही हम, जो बुद्धि-निधान,
करते थे गण तन्त्र-विधान!

वे ही हम जो शुभ मन्त्रेश,
चुनते थे वे गण-तन्त्रेश—
होती थी जिनकी सन्तान
महावीर या बुद्ध-समान[१]।

करो आर्य-गण अपना ध्यान,
न करेगी चेरी कल्याण।
कुमति केकई भी है त्याज्य,
होगा नाश, न होगा राज्य!

◆

१. कहते हैं महावीर स्वामी और बुद्ध भगवान के पिता गणतन्त्र के ही अधीश्वर थे।

युग का रोना

कलि-कलि कर बैठो न निराश,
पहनो स्वयं न उसका पाश!
पहले भी थे राक्षस दैत्य,
कब निर्विघ्न चले मठ, चैत्य[१]।

निग्रह[२] होने पर भी नित्य
करता है निसर्ग[३] निज कृत्य।
पर वरत्व[४] ही है वरणीय;
नहीं अबलता अनुकरणीय।

प्रवृत्तियाँ हैं मन के संग,
जन जन में जीवन के संग।
सामंजस्य - असामंजस्य[५],
जीत हार का यही रहस्य।

अपना मन है जिनके हाथ,
जीवन-जय है, उनके साथ।
कोई युग हो, कोई लोक,
उनको कहीं न दुःख न शोक।

कहीं कहीं सत युग भी तर्ज्य[६]!
आज पूर्व - विधियाँ बहु बर्ज्य[७]।
बनो विवेकी विश्रुत हंस,
जल छोड़ो, पय पियो प्रशंस।

---

१. चैत्य—देवस्थान, यज्ञशाला।
२. निग्रह—प्रवृत्तियों की रोकथाम।
३. निसर्ग—प्रकृति, स्वभाव।
४. वरत्व—वर का भाव और श्रेष्ठता।
५. औचित्य और अनौचित्य।
६. तर्ज्य—तर्जनीय।
७. बर्ज्य—वर्जनीय।

यों जीवन भी भार विकार,
तो क्या है मरना ही सार?
सच तो यह है कि हो समर्थ,
तजो कलह-कलि-चिन्ता व्यर्थ।

शक्ति वस्तु है वह विख्यात,
कि हो दोष भी गुण-सा ज्ञात।
बना डिठौना चन्द्र - कलंक,
सगुण विगुण भी है निश्शंक।

देश, काल, युग, उदय कि अस्त,
आप भले तो भले समस्त।
सफल करो निज मानव-देह,
यही देव या दानव - गेह।

छोड़ो "क्षुद्र हृदय - दौर्बल्य,"
निकले स्वयं शोच का शल्य[१]।
डरो न युग से हटो समक्ष;
अक्षय है आत्मा का पक्ष।

तुमको हो विश्वास सुजान।
तो "कलजुग सम जुग नहिं आन।"
उसका ही यह पुण्य प्रताप—
"मानस पुण्य होहिं, नहिं पाप।"

१. शल्य—भाल, गाँसी।

मन

कब तक है यह पर-अवलम्ब?
जब तक तुम्हें इष्ट सविडम्ब!
कै दिन किसे कौन अविनीत
चला सका मन के विपरीत!

मन के लिये लगन दो एक,
मगन रहे वह, रक्खे टेक।
इतने से ही तुम कृतकृत्य;
करती रहे नियति निज नृत्य।

मन को एक केन्द्र मिल जाय,
तो इन्द्रासन भी हिल जाय।
इतना करो किसी भी तौर,
स्वयं करा लेगा मन और।

दो मन पर मानिक भी तोल,
बेचो उसे न, कौड़ी मोल।
भाई, इसे न जाओ भूल—
मन ही बन्ध[१]-मोक्ष का मूल।

◆

१. बन्ध—बन्धन।

लीक

आँखें मूँद न पीटो लीक;
सोच समझ देखो तुम ठीक।
करो न असमय का आलाप,
जो तुमको ही रुचे न आप।

रूढ़ि

रूढ़ि बिना जड़ की वह बेल,
चूस रही जीवन - रस खेल।
करो कर सको यदि तुम त्राण,
जायँ न निगमागम[1] के प्राण।

१. निगम—वेद। आगम-शास्त्र। अथवा अगम-वृक्ष (वेद रूपी वृक्ष)

शास्त्र

रूढ़ि - बद्ध हो जायँ न शास्त्र,
कीट न काट जाय धर्मास्त्र।
काई निकले, झलके नीर,
जागे निज जीवन गम्भीर।

शास्त्र अखिल अर्थों के मूल,
व्याख्या है निज बुद्ध्यनुकूल।
जो करना हो कर लो सिद्ध,
वह हो चाहे स्वयं निषिद्ध।

सड़ी सड़ी बातों का मोह।
आधारों का ऊहापोह,
बना न दे बकवादी भेक;
धारण करो स्वतन्त्र विवेक।

शास्त्र तुम्हारे लिए अशेष,
बनों न तुम उनके बलि - मेष।
सुनो प्रमाण शान्ति के साथ,
पर निर्णय हो अपने हाथ।

जितने भी हैं शास्त्रग्रन्थ,
दिखलाते हैं केवल पन्थ।
पर पाथेय और गति - शक्ति,
संग्रह करें स्वयं सब व्यक्ति।

किस मुँह से शास्त्रों की ओट,
लेकर सहें युक्ति की चोट
जब हम छोड़ उन्हीं का धर्म
करते हैं उलटे बहु कर्म?

"बोलो झूठ न" अक्षर पाँच,
लिए शास्त्र में हमने बाँच।
मान लिए बस पहले चार!
चला कौन सबके अनुसार!

यही हमारी शास्त्र-प्रीति!
यही तर्क करने की रीति।
हम हैं आश्रम-धर्म विहीन,
फिर भी वेद-वाद में लीन!

बनकर पूर्वज-सदृश समर्थ,
नई समस्याओं के अर्थ।
करो नई विधियाँ निर्माण,
समय स्वयं है बड़ा प्रमाण।

समयोचित न समझते सूरि[१]
तो क्यों भिन्न स्मृतियाँ भूरि;
रचते रहते यहाँ नवीन,
तुम वैसे ही बनो प्रवीण।

भुसी फटक देते हैं सूप,
तुम तो हो चिर चेतन-रूप।
हुई चेतना चलनी शोक!
सार फेंक रखती है फोक।

अपने शास्त्रकार मतिमान,
देश काल से न थे अजान।
उठो, अवस्था के अनुसार,
करो व्यवस्था स्वयं विचार।

भिन्न पुराण स्मृतियाँ वेद
मुनियों में भी बहुमत - भेद।
करके प्रकट परिस्थिति - बोध,
बनो स्वयं साक्षी विधि शोध।

---

१. सूरि—पण्डित।

त्यागो मुनि - मत भी प्रतिकूल,
करते बड़े बड़ी ही भूल।
बुद्धि शरण लो, न हो उदास,
तुम में प्रेरक प्रभु का बास।

उपादेय हो और सयुक्ति,
मानों बालक की भी उक्ति।
ब्रह्म - वाक्य भी जँचें न ठीक
तो तुम जानों उन्हें अलीक।

सज्जन - मत है स्वतः प्रमाण;
वही शास्त्र - रत्नों का शाण।
पौरुष हो, पर आर्य-समान
दो उसको तुम आदर-मान।

मार्ग बड़ों का हो स्वीकार्य,
पर वह रहे परिष्कृत[१] आर्य।
करो अकण्टक उसको झाड़,
भरो गर्त्त झंखाड़ उखाड़।

माता पिता वृद्ध बल-हीन
पत्नी पतिव्रता शिशु दीन
करके भी अकार्य भर्त्तव्य,
समय समय का है कर्त्तव्य।

◆

१. परिष्कृत—सुधारा हुआ।

उपचार

धर्मोद्धार, समाज-सुधार,
करो हृदय में दृढ़ता धार।
होने पर विस्फोट[1]-विकार,
अस्त्र-योग भी है उपचार।

दम्भ, महाडम्बर, पाखण्ड,
सन्निपात सम चण्डोद्दण्ड[2]—
करते हैं सुधर्म का नाश,
काटो यह त्रिदोष मय पाश।

कुल-गत नहीं, व्यक्ति-गत वीर्य;
ऐसा ही सब गुण - गाम्भीर्य।
नहीं शीश पर जिनके सींग,
वे चाहें तो मारें डींग!

द्विज - सा देवप्रिय चाण्डाल,
यदि वह है स्ववृत्ति - व्रत पाल।
नहीं वित्त विद्या अनिवार्य,
वृत्त बनाता है बस आर्य।

दीपक से भी कज्जल - जात[3],
और पंक से भी जलजात[4]।
एक डाल में काँटे - फूल,
जाति नहीं गुण मंगलमूल।

◆

१. विस्फोट—विषैला फोड़ा।
२. चण्ड—कठोर, उद्दण्ड—मारने को उद्यत।
३. जात—उत्पन्न।
४. जलजात—कमल।

चौका

किसपर वह चौका, वह चाक?
बनता वहाँ मृतक पशु - पाक!
ऐसे कर्म और यह ढोंग,
"द्विजश्रेष्ठ" हो तुम या पोंग?

चौका करे, जला दे आग,
अदहन धरे, जला दे साग।
गूँदे, बेले धीवर वर्य,
सेंक न सके किन्तु आश्चर्य!

उस बेचारे को यह भेद,
बतला दे कोई भी वेद।
शूद्र और वेदों का नाम?
दूषित न हो ऋचा हे राम!

पर वह कैसा पावन मित्र,
जो हो जाय आप अपवित्र?
न हो अरे तुम जड़ता - लिप्त,
समझो प्रकृत और प्रक्षिप्त।

मनन करो मुनियों के मन्त्र,
शूद्र वही हैं जो परतन्त्र।
रखता है वह किंकर-वार[१]—
'किं करोम' का ही अधिकार।

न तो श्रेष्ठ है सब प्राचीन,
और निकृष्ट न सभी नवीन।
करें परीक्षा गुणिगण गूढ़,
मरें रूढ़ि पर-मत पर मूढ़।

---

१. वार—समूह।

सुन कच्ची-पक्की की टेक,
बोला आतिथेय[1] हँस एक—
"कच्ची हो तो देना फेंक।
दूँगा तुम्हें खरी-सी सेंक!"

मेंटो वर्णों के उपभेद,
बढ़े मेल मिट जावे खेद।
रुचि बदले हो सबका मान,
रुचि पर ही है भोजन-पान।

मनु ने कहे वर्ण बस चार
सुन लो पंचम वर्ण नकार[2]।
सन्निकर्ष[3]- वर्णों का इष्ट,
वही संहिता-भाव विशिष्ट!

दीर्घ बनों कर सन्धि सवर्ण,
सुनें मिले स्वर सबके कर्ण।
गौरव और गान लय युक्त,
कण्ठ तुम्हारे हों उन्मुक्त।

◆

१. आतिथेय—अतिथि सत्कार करने वाला।
२. नहीं, न अक्षर।
३. सन्निकर्ष—समीपता।

प्रगति

बढ़ो धैर्य साहस के संग;
देखो जल के सकल तरंग।
बढ़ते हुए विशेष प्रकार,
पा जाते हैं निश्चय पार।

सम्बल

न हो, नहीं यदि धन कुछ पास
रक्खो भुजबल का विश्वास।
सच्चा धन तो है बस धर्म,
जो हिन्दू का जीवन-मर्म।

◆

आत्म-गौरव

आभूषित हो, या कि अकन्थ,
रक्खो कोई मत या पन्थ।
पर तुम हो हिन्दू - सन्तान,
रहे तुम्हें इसका अभिमान।

हिन्दू का विचार - संसार,
अतुल, असीम, अनन्त, अपार।
तो नास्तिक भी कपिल[१]-समान।
रक्खो तुम हिन्दू - कुल - मान।

आस्तिक हो तो लो प्रभु - नाम,
और करो प्रभुता के काम।
नास्तिक हो तो भी आजाव,
बुद्ध-शरण, संघाश्रय[२], पाव।

तुम तो कुछ भी नहीं परन्तु,
यों वनमानुस भी हैं जन्तु!
क्या आस्तिक क्या नास्तिक, शोक,
नष्ट तुम्हारे दोनों लोक!

तुम भिक्षुक हो, तुम हो दास!
दुर्बल, दीन - दरिद्र, उदास।
जीवन से निराश निर्णीत[३],
और मृत्यु से कम्पित, भीत।

---

१. सांख्य शास्त्र कर्त्ता।
२. संघ—समूह, आश्रम; अवलम्ब।
३. निर्णीत—निश्चित।

अमर - वर्ग का है परलोक,
नर वीरों का है नर लोक।
निपट नपुंसक अलस अतीव,
तुम हो जीवित ही निर्जीव!

हिन्दू, कब तक यह अपमान,
सहन करोगे सहज - समान?
अरे, उठो, कह दो फिर आर्य,—
मरेंगे कि साधेंगे कार्य।

[1]क्लीव अनुष्ण अलस अविनीत,
शंका - शील लोक - रथ - भीत
देखा करते हैं बस बाट,
उन्हें चाट जाती है खाट!

[2]अंगन वेदी वसुधा सर्व,
कुल्या - तुल्य पयोनिधि खर्व,
होते हैं उस जन के अर्थ
जो है कृतप्रतिज्ञ समर्थ।

[3]स्वयं स्वर्ण-मल्ली सी भूमि,
और कल्प-वल्ली सी भूमि।
चुनने वाले जन हैं चार,
शूर, कुशल, कृतविद्य, उदार।

[4]अपने को अजरामर जान
प्राप्त करो विद्या-धन-मान।
और समझकर सिर पर काल,
पालो अपना धर्म विशाल।

◆

---

१. संस्कृत के आधार पर।
२. संस्कृत के आधार पर।
३. संस्कृत के आधार पर।
४. संस्कृत के आधार पर।

अपनी संस्कृति

अपनी संस्कृति का अभिमान,
करो सदा हिन्दू-सन्तान।
सब आदर्शों की वह खान,
नररत्नत्व करेगी दान।

अपनी चिर संस्कृति की मूर्ति,
है मनुष्यता की परिपूर्ति।
प्राणरूप उसका पुरुषार्थ,
साधन करता है परमार्थ।

युग युग के संचित संस्कार,
ऋषि-मुनियों के उच्च विचार,
धीरों, वीरों के व्यवहार,
हैं निज संस्कृति के श्रृंगार।

शक्ति-संचय

आत्म-संघटन करो सयुक्ति,
हिन्दू तुम्हें मिलेगी मुक्ति।
आवेगी तुममें वह शक्ति,
जिसपर हो सबकी अनुरक्ति।

कह दो सब से यही पुकार—
करते हैं हम आत्मोद्धार।
होंगी सब बाधाएँ व्यर्थ,
पर भय नहीं किसी के अर्थ।

तुमसे, है इतिहास प्रमाण,—
हुआ भुवन भर का कल्याण।
रहे वही अपना ध्रुव लक्ष्य,
है हिन्दुत्व इसीसे रक्ष्य।

होकर निज जीवन जड़, रुद्ध,
रहा वद्ध जल - सदृश न शुद्ध।
करो परिष्कृत उसका स्त्रोत,
फिर भी हो वह ओतप्रोत।

समन्वय

पुर, पत्तन हो अथवा ग्राम,
हों सर्वत्र समन्वय[१] धाम।
जुड़ें जहाँ सब मत के लोग,
साधन करें एकता योग।

भाषण, गीत, कवित्व, विनोद,
हुआ करें, पावें सब मोद।
क्रीड़ा - कौतुक, उत्सव - खेल,
साधन करें परस्पर मेल।

स्मित हों मातृमूर्ति के ओष्ठ,
देख देख निज सन्तति-गोष्ठ[२]।
आर्य बाल गोपाल सचेष्ट,
कामधेनु भी दुहें यथेष्ट!

पालो परम धर्म है प्रेम;
वारो उसपर भारों[३] हेम।
एक प्राणमय हों सब अंग,
साधो मिलन और सत्संग।

होकर भी विभिन्न मत-निष्ठ,
बन सकते हैं बन्धु वरिष्ठ।
मिलें लौटकर यदि सविवेक,
तो हैं तीन और छै एक।

१. समन्वय—संगति, संयोग, मिलन।
२. गोष्ठ—संघ, समूह और गोशाला।
३. भार—आठ हजार तोले का परिमाण।

अन्य जातियाँ

देख तुम्हारा यह उद्योग,
न हों सशंक दूसरे लोग।
"सर्व भूत हितरत" निज धर्म,
हैं अभिन्न हम सबके मर्म।

पावें सभी प्रबोध, प्रमोद,
खेलें भारत माँ की गोद।
मिटें परस्पर के सन्देह,
उपजें साम्यभाव सस्नेह।

◆

अँगरेजों के प्रति

सुनें प्रथम शासक अँगरेज,
जो कहने करने में तेज।
यदि सचमुच तुम योग्य, उदार
तो पावें हम निज अधिकार।

अब भी यदि अयोग्य हम लोग,
तो असाध्य तुमसे यह रोग।
और दूर से तुम्हें प्रणाम,
रहे हमारा रक्षक राम।

प्राप्त हुए किस पद का भार—
हम न सँभाल सके प्रति वार?
डाल दिये कब हमने स्कन्ध?
कर न सके हम कौन प्रबन्ध?

क्या शासन, क्या न्याय विभाग,
क्या यूरप की - सी वह आग,
(जिसमें जले जगत के वीर)
सिद्ध हुए हम कहाँ अधीर?

स्वयं जगाकर नूतन भाव,
दिखलाओ न हठीले हाव।
मेंटो उनकी क्षुधा नितान्त,
तभी रहेंगे हम तुम शान्त।

निज शासन-सेवा का मोल,
लेते हो जो तुम जी खोल।
देकर उसे, बाप रे बाप!
बिके जा रहे हैं हम आप!

किसकी रक्षा को सरकार,
इतनी फौजों की दरकार?

देते हैं मच्छर तक दंश,
मिटते यहाँ वंश के वंश!

मलेरिया, हैजा, दुष्काल,
और शीतला-कोप कराल,
आज इन्फ्लुऐंजा, कल प्लेग,
कालचक्र चल रहा सवेग!

कोटि कोटि कीटाणु कठोर,
घेरे हैं हमको सब ओर।
तिसपर भी हम शिक्षा-हीन,
भोग रहे हैं दुर्गति दीन।

मरे नशों का मारा मुल्क,
पर उनसे मिलता है शुल्क।
शिक्षा और स्वास्थ्य के अर्थ,
बजट बना रहता असमर्थ!

अनुभव करो हमारे भाव,
यही हमारा है प्रस्ताव।
कुछ अवश्य है जो हम लोग,
तज दें शासन का सहयोग।

करके कोई यों ही खेल,
जाना नहीं चाहता जेल।
है अवश्य कुछ विधि बेजोड़,
दें जो हम विधान तक तोड़।

वह शासन है स्वयं कलंक,
जिसमें जन हों दिन दिन रंक।
भूखों मरें, न पावें वस्त्र,
हो जावें निर्बल - निःशस्त्र।

छोड़ो अमन चैन की भ्रान्ति,
यह है मृतकों की - सी शान्ति!

फैला है भीषण आतंक,
रहते हैं जन सभय सशंक।

नैतिक और मानसिक ह्रास,
बना रहे हैं हमको ग्रास।
अर्थी नहीं देखते दोष,
सभी कराती क्षुधा सरोष।

समझो व्यथा हमारी वीर,
कि हम कहाँ तक हुए अधीर।
व्यर्थ किन्तु तज जीवन-मोह,
करते हैं जब तब विद्रोह।

इसका कारण सोचो हाय!
पतित न हों हम, करो सहाय,
हम हैं विवश, यही अपमान
हमें भुला देता है भान।

निर्बल होने से सविशेष,
करते हैं हम ईर्ष्या-द्वेष।
हमें सबल होने दो शूर!
कि हम कर सकें उसको दूर।

और कर सकें निर्भय प्रेम,
जिसमें है क्षोणी का क्षेम।
पावें हम दोनों अवकाश,
करें संकुचितता का नाश।

घृणा और बदले के भाव,
कर न सकें हममें घर घाव।
हों करुणा करने के योग्य,
क्षमा - भाव भरने के योग्य।

बातें ही मीठी ज्यों ऊख,
मिटा नहीं सकती हैं भूख!

दो दायित्व हमें परिपूर्ण;
हो अनात्म विश्वास विचूर्ण।

डूब रहे हम, डूब न जायँ,
इस जीवन से ऊब न जायँ!
बनों समय - सागर के सेतु;
राजा स्वयं काल का हेतु।

दो सुयोग, लो पाणिस्पर्श,
सफल करें हम निज आदर्श।
न हो और बाधक हे तात,
तुम असाध्य - साधक विख्यात।

लो यश या अपयश इस ओर,
न्याय करो या दमन कठोर।
हम निश्चित हैं कृतसंकल्प,
लेंगे क्या स्वराज्य से अल्प!

और न पिछड़ो करके देर,
हो कृतकृत्य धरोहर फेर।
सच्चे हो तो हो सन्नद्ध,
तुम हो देने को प्रणबद्ध।

ऐसा करो कि रस रह जाय,
आपस में कुछ बस रह जाय।
वंचित करे न तुमको लोभ,
हमें पथच्युत करे न क्षोभ।

शासन में हैं दारुण दोष,
पर तुम गुण रत्नों के कोष।
उसपर है कितनी भी खीझ,
किन्तु हमारी तुमपर रीझ।

हे अँगरेज, सुनो सस्नेह,
प्रीति योग्य तुम निस्सन्देह।

तुमसे कुशल जनों का संग,
देगा किसे न ओज-उमंग।

पर समता रखती है प्रीति,
सहन नहीं कर सकती भीति।
वह अनियन्त्रित सत्ता मेंट,
देंगे हम मैत्री की भेंट।

आवे वह दिन आवे शीघ्र।
यह सब भय मिट जावे शीघ्र।
प्रकटित हो जब तक वह योग,
यही मनाते हैं हम लोग—

ब्रिटिश-सिंह, तुम रहो वरिष्ट,
बनकर किन्तु नागरिक शिष्ट।
मरो वन्य बल पर मत धीर,
जियो और जीने दो वीर!

हों असवर्ण हमारे चर्म,
पर सवर्ण हैं शोणित मर्म।
मन दौड़े तो बिना प्रयास,
पूर्व और पश्चिम सब पास।

× × × ×

हिन्दू हिन्दू सुनों सचेत,
आओ, हो जाओ समवेत।
तुम स्वतन्त्रता के ही पात्र,
उच्छृंखलता खलती मात्र!

न्याय चाहते हो तो आप,
रहो नित्य न्यायी, निष्पाप।
हिंसा है पशुता का नाम,
अविचलता है अपना काम।

पारसियों के प्रति

सुनो पारसी बन्धु प्रवीण,
क्या अपने सम्बन्ध नवीन?
वेद - अवस्ता दो ही नाम
पुरातत्व के हैं विश्राम।

इष्ट हमें हैं वे ही प्राण
जो कर सके तुम्हारा त्राण।
तजकर जब तुम अपना स्थान,
भग आये थे हिन्दुस्तान।

अब क्या वह साहस वह शक्ति,
दे सकती है तुम्हें विरक्ति?
करते हैं हम जीवन - याग,
जीती रहे तुम्हारी आग।

मुसलमानों के प्रति

मुसलमान भाई; हो शान्त;
सोचो तनिक तुम्हीं एकान्त।
तुम निज हेतु करो सब कर्म,
और छोड़ दें हम निज धर्म?

रहे तुम्हारा कुछ भी बोध,
हमको तुमसे नहीं विरोध।
मातृभूमि का नाता मान,
हैं दोनों के स्वार्थ समान।

तनिक विचारो, न हो विरक्त,
तुममें भी है हिन्दूरक्त।
यदि तुम भूलो न यह विवेक,
तो हम तुम हैं कितने एक!

डालो अपने ऊपर दृष्टि,
तुम अधिकांश यहीं की सृष्टि।
तुम हिन्दू हो धार विधर्म,
भूल गये हो निज कुलकर्म।

करो पूर्व संस्कृति की याद,
मिटे सभी विद्वेष - विषाद।
तुम अभिन्न हो, न हो विभिन्न,
रहो न हम अपनों से खिन्न।

इतने पर भी न हो प्रबोध,
तो तुम लो अपना पथ शोध।
और चलो उसपर सानन्द,
फिर भी आँखें करो न बन्द।

उचित न होंगे वे विभ्राट,
जैसे मलावर—को हाट।
आपस का विरोध या ग्लानि,
करती है दोनों की हानि।

हुए हमारे मन्दिर नष्ट,
करते गये उन्हें तुम भ्रष्ट!
किन्तु मिले जब हमें प्रसंग,
हुईं मसजिदें कितनी भंग?

यह है निज संस्कृति का भेद,
अब तुम गर्व करो या खेद।
औरों के भावों का ध्यान,
है मनुष्य-गौरव का ज्ञान।

सावधान, सोचो हो शान्त;
दिखलाओ न बुरे दृष्टान्त।
देख तुम्हारी करनी नित्य,
कर न उठें हम भी वे कृत्य।

श्रद्धानन्द-सदृश अपघात,
सिद्ध कर रहे हैं क्या बात।
शास्त्र लिये हो तुम या शस्त्र?
हैं रक्ताक्त तुम्हारे वस्त्र!

ऐंठ रहे हो जिन पर मूँछ,
उन्हें तुम्हारी है क्या पूँछ।
जहाँ पड़ी हो अपनी फिक्र,
वहाँ दूसरों का क्या जिक्र।

देखो अरब और ईरान,
आप हो रहे हैं वीरान!
हुई मदीने की भी खैर,
कौन तुम्हारा, गर हम गैर?

पढ़ो जरा टरकी का हाल,
क्या काफिर हो गया कमाल?
नहीं नहीं, वह हुआ प्रबुद्ध,
तुम्हीं रूढ़ियों में हो रुद्ध!

जागो तुम भी जागो बन्धु,
त्यागो जड़ता त्यागो बन्धु!
देखो तुम न दूर के स्वप्न,
वे हैं सभी सूर के स्वप्न।

मरो न मन - मोदक पर सूख,
मातृभूमि मेटेगी भूख।
यहीं तुम्हारे पुत्र-कलत्र,
फिर सुख-शान्ति कहाँ अन्यत्र!

पुण्यभूमि है यही पुनीत,
गाते हो तुम किसके गीत?
उच्चादर्श कौन किस ठौर,
पा न सको जो तुम इस ठौर।

कहीं मरुस्थल, कहीं अनूप[१],
कहीं निदाघ, कहीं हिम रूप।
लिये खेत, खनि, जांगल, पौर,
भारत भव - सा श्यामल गौर।

सुलभ अरब के यहाँ खजूर,
दुर्लभ नहीं सेब, अंगूर।
पर वे आम—सुफल सिर मौर,
सुलभ यहीं हैं, कहीं न और।

रक्खो तुम असि का अभिमान,
है उसका भी उच्च स्थान।
किन्तु नहीं है यह ईमान,
कि बस रहे अपना ही ध्यान!

---

१. अनूप—सजल देश।

तुम हो वीर बली विक्रान्त,
किन्तु न हो भाई, तुम भ्रान्त।
प्रकृत वीरता के व्यवहार,
होते हैं अत्यन्त उदार।

तुममें है साहस परिपूर्ण,
जगे स्वतन्त्र बुद्धि भी तूर्ण।
यदि है न्याय तुम्हारा लक्ष,
तो तुम हो जाओ निष्पक्ष।

हमें तुम्हें रहना है साथ,
सुख-दुख सब सहना है साथ।
हिलमिलकर रहने में श्रेय,
और उसीमें अपना प्रेय।

करते हों हम जिनमें वास,
प्राप्त करें उनका विश्वास।
तभी हमारा - उनका क्षेम,
पर, उदारता - प्रिय है प्रेम।

ठहरो हे विध्वंसक वीर,
मत हो आतुर और अधीर।
मन्दिर में भी उसकी भक्ति,
मसजिद में जिसकी अनुरक्ति।

करो द्रोह - दुर्बलता दूर,
शूर नहीं होते हैं क्रूर।
आओ, भक्त भक्त मिल जायँ,
सरस सुमन-सम मन खिल जायँ।

उस प्रियतम की प्रतिमा एक,
पाने को अपना अभिषेक।
सबके उर में है आसीन,
जो हैं भक्तिभाव में लीन।

सब निज निज मति के अनुसार,
अपने प्रभु का एकाकार,
रखते हैं सम्मुख सविवेक,
स्वाभाविक है यह उद्रेक।

कहते हो जब—"न्याज़ऽल्लाह"
अपनी तुम जानों वल्लाह!
एक सौम्य, शुचि, शोभन चित्र,
हमें झूल जाता है मित्र!

बसा बुतों में है महबूब,
उन्हें मिटाते हो क्या खूब!
यह काफिर कुदरत की छाप,
लग जाती है अपने आप।

पीटें लीक भले ही ऊत,
तुम हो शायर, सिंह सपूत।
बनों न स्वार्थान्धों की भेड़,
पटकें कहीं न तुम्हें खदेड़।

सुविदित हैं एकेश्वरवाद,
सुनों और भी—सोऽहं नाद।
गूँजा यहाँ तत्वमसि गान,
निकली वहाँ अनलहक तान!

भक्त भावना के अनुरूप,
रखता है वह भी तनु रूप।
किसी नाम से करो प्रणाम,
अंगीकार करेगा राम।

किन्तु हाय! हरिमन्दिर छोड़,
और देव तेतीस करोड़,
बनते हैं हम कब्रपरस्त,
भाई, तुम हो सब्रपरस्त।

गावकुशी? मरजी की बात!
सोचो किन्तु तनिक हे तात!
अर्थ-धर्म का है यदि कार्य,
तो गोकुशी नहीं अनिवार्य।

तब भी तुम यदि सको न रोक,
तो क्या दिखलाओ भी? शोक!
लेना वृथा किसी की आह,
यह तो नहीं खुदा की राह!

कुर्बानी, पर किसकी? आह!
सहज नहीं उसका निर्वाह!
हो जाओ उसपर कुर्बान,
जिसने सबको बख्शी जान।

धन्य मयूरध्वज-सा धीर,
किंवा रुकमांगद-सा वीर,
योद्धा इब्राहीम महान,
जो कर गया मोह बलिदान!

स्वयं हमारा उसे प्रणाम,
कुर्बानी है इसका नाम।
इन पशुओं का शोणितपात,
ला सकता है क्या वह बात,

दम्भ - दुराग्रह, द्वेषद्रोह,
धन-जन-जीवन का भी मोह।
करो स्वविभु के सम्मुख त्याग,
यही बड़ी बलि है बड़भाग!

ऊँटों की कुर्बानी बन्द
की थी हजरत ने सानन्द!
क्योंकि अरब का धन थे ऊँट,
वहाँ सर्व साधन थे ऊँट।

मुसलमान भाई, हो शान्त,
मानों हज़रत का सिद्धान्त।
भारत का धन गोधन मात्र,
है पहले रक्षा का पात्र।

पियो न प्यारे, उसका खून,
कि जो दूध दे दोनों जून।
छोड़ो उस शोणित की चाह,
बहने दो फिर पयः—प्रवाह।

दूध पिलाने वाली गाय,
सबकी जीवन भर की धाय।
न हो भाइयो, उसपर क्रूर,
दूध - पूत पाओ भरपूर।

काबुल में भी गो - वध बन्द,
वह काफिर है या स्वच्छन्द?
नहीं वहाँ बाजों की रार,
नये मुसल्माँ हो तुम यार!

कर दें हम निज कीर्त्तन बन्द,
तुम्हीं अजानें दो स्वच्छन्द।
करो भाइयो, तुम्हीं विचार,
चल सकते हैं ये व्यापार?

लगा अली के तन में तीर,
बोला कुछ व्याकुल हो वीर—
''इसे खींचना वक्ँ नमाज़;''
छिपा न था कुछ इसका राज[१]।

''करता हूँगा जब मैं ध्यान,
मुझे न होगा पीड़ा-ज्ञान।''

१. राज—भेद या रहस्य।

यह उपासना है, यह भक्ति,
सौ क्लोरोफर्मों की शक्ति!

निकले तीर कि तन कट जाय,
क्या मजाल जो मन हट जाय,
यही धारणा, ध्यान समाधि,
मेटे बन्धु, तुम्हारी व्याधि।

दे सुबुद्धि तुमको भगवान,
और हमें वह दयानिधान।
मन से मिटे द्वेष का दाभ,
न ले तीसरा दो का लाभ।

तुम्हें चिढ़ाने की ही सोच,
शोर करें हम निस्संकोच,
तो हम करते हैं अनरीति,
सहो कभी तुम न वह अनीति।

सावधान हिन्दू सन्तान,
लड़ो न तुम अनुचित हठ ठान।
अपने सहवासी की काँख,
लगने देगी किसकीं आँख?

कहीं विजाति घृणा पर गेह,
गढ़े न अपना जाति-स्नेह।
विकृत न रहे शिला-विन्यास,
मनःपूत होगा तब वास।

पर अपने समुचित अधिकार,
न हो छोड़ने को तैयार।
थी अधिकारों की ही बात,
हुआ महाभारत संघात।

हम विभु के बालक चिरकाल,
कहें पौत्तलिक विज्ञ विशाल।

अपनी क्रीड़ा,—उसकी गोद,
भव न सोच, बस मोद विनोद।

कोई काफिर, कोई म्लेच्छ,
हो तो होता रहे यथेच्छ।
हिन्दू - मुसलमान की प्रीति,
मेंटे मातृभूमि की भीति।

◆

ईसाइयों के प्रति

ईसाई छोड़ो सन्देह,
वहीं तुम्हारा हो सुस्नेह।
जहाँ तुम्हारा है घर बार।
आजीविका और व्यापार।

करो न तुम औरों की आस,
रक्खो भारत का विश्वास।
यहीं तुम्हारा है चिरवास,
यही मेट सकता है त्रास।

लेकर भी यूरुप का धर्म,
श्वेत न हुआ तुम्हारा चर्म।
वहाँ चर्म ही की है चाह,
नहीं धर्म की कुछ परवाह।

देख कहीं औरों की बाट,
खो दो तुम घर और न घाट।
बन्धु यही वह भारत शिष्ट,
हुए जहाँ ईसा उपदिष्ट[१]।

पावे फिर वह निज अधिकार,
इसी हेतु हम हैं तैयार।
हर्षित हो, हम हैं सन्नद्ध,
हो जाओ तुम भी कटि - बद्ध।

◆

१. उपदिष्ट—उपदेश पाये हुए, शिक्षित।

अपना भरोसा

हिन्दू, फिर भी सुनो सचेत,
हरे तुम्हीं से हैं सब खेत।
ये हैं सदा तुम्हारे अंग,
होते गये सदा जो भंग।

अपनाओ फिर इन्हें सहर्ष,
पाओ एक संग उत्कर्ष।
किन्तु जिलाता है निज श्वास,
रक्खो निज बल, निज विश्वास।

तको पराया मुँह मत और,
बनो स्वावलम्बी सब ठौर।
करे न यदि कोई निज कर्म,
तो क्या हम भी तजें स्वधर्म?

भारतीय संस्कृति का भार,
एक तुम्हीं पर बारंबार।
स्वयं तुम्हींने कहा पुकार—
आत्मा से ही आत्मोद्धार।

हो जाने को बन्धन-मुक्त,
पाने को निज पद उपयुक्त—
करो हिन्दुओ उचित उपाय,
रहे तुम्हारा साक्षी न्याय।

ईसा के ऊँचे उद्देश,
नहीं स्वार्थ का जिनमें लेश।
सम्प्रति स्वयं कर चुका लोप,
वह उनका अपना यूरोप।

आज सैन्य है उसका साध्य,
है साम्राज्यवाद आराध्य।
उसकी यह मरीचिका भ्रान्ति,
करा रही है जितनी क्रान्ति!

अपना उद्देश्य

किन्तु हिन्दुओं का उद्योग,
हरता नहीं किसी का भोग।
नहीं चाहता है वह क्रान्ति,
उसकी चाह विश्व-विश्रान्ति।

यही साध्य उसका सन्देश,
करो न कोई कुछ अन्देश।
किन्तु आज हिन्दू परतन्त्र,
कौन सुनेगा उनका मन्त्र।

व्यर्थ विश्व-मैत्री की बात,
आज दीन - दुर्बल सब तात।
यह औदार्य नहीं उपहास,
तुम्हें जानते हैं सब दास!

कौन करे दासों को मित्र?
वहाँ चाहिए तुल्य चरित्र।
किया जा सके जिन पर क्रोध,
कौन करे उनसे अनुरोध?

उठो, अरे फिर दृढ़ता धार,
रख अपने ऊपर निज भार।
तभी सुनेगा फिर संसार,
सभी तुम्हारे उच्च विचार।

मचा विश्व में "कलह-कलेश"
दोगे तुम्हीं शान्ति - सन्देश।
किन्तु तुम्हारी वाणी क्षीण,
बनो प्रबल फिर, बनो प्रवीण।

आओ, बन्धु खड़े हो जाव,
जैसे रहे, बड़े हो जाव।
बिखरी शक्ति करो एकत्र,
फिर सब से कह दो सर्वत्र—

भुवन हेतु है भारतवर्ष,
सबका है उसका उत्कर्ष।
साधनधाम, मुक्ति का द्वार,
हिन्दू का स्वदेश संसार।

हिन्दू, यही तुम्हारा लक्ष,
रहे सदा सर्वत्र समक्ष।
तुम हो निरवच्छिन्न मनुष्य,
ईश्वर से अविभिन्न मनुष्य।

बने लोक नागर जो लोग,
सफल करें वे निज उद्योग।
तुम हो विश्व कुटुम्बी आर्य,
हों तद्रूप तुम्हारे कार्य।

साधो शक्ति और निज युक्ति,
पाओ पैत्रिक निधि-सी मुक्ति।
प्रेम देश को करके पार,
करे विश्व में पुनः प्रसार!

करके पहले आत्म-सुधार,
कर लो भारत का उद्धार,
फिर लोकोपकार में लीन,
विचरो सभी कहीं स्वाधीन।

साधु-संघ, आध्यात्मिक सत्र,
संस्थापित करके सर्वत्र।
निज मध्यस्थ भाव लो शोध।
शान्त करो तुम विश्व विरोध।

अपने को पहचानो आर्य,
मूल-मन्त्र यह मानो आर्य,—
नहीं कहीं बाहर निज सिद्धि,
आत्मानं — स्वात्मानं — विद्धि!

तथास्तु

परिशिष्ट

(गीत)

सिद्धि गणेश

जय गणेश, जय सिद्धि गणेश।
रहे न भय - संशय का लेश,
जय गणेश, जय सिद्धि गणेश।

करो आर्य, गणराज - विधान,
जयति विनायक बुद्धि - निधान।
मिटें विघ्न, बाधा, व्यवधान,
धारण करो अखिल अवधान।

सिद्धि लाभ शुभ भावावेश,
जय गणेश, जय सिद्धि गणेश।

गज - सा शीश, समुन्नत भाल;
सूक्ष्म दृष्टि, श्रुति-शक्ति विशाल।
हस्ति - हस्त, धीरज की चाल;
फल दे झुक ऊँची भी डाल।

मोदक भरे सुकाल सुदेश,
जय गणेश, जय सिद्धि गणेश।

◆

रामकृष्ण की जय

भगें हमारे सारे भय,
जय जय राम - कृष्ण की जय।

क्या साकेतधाम वह प्यारा,
क्या वह क्रूर कंस की कारा;
वह प्रकाश सर्वत्र हमारा,
जय भारत निज देवालय,
जय जय राम - कृष्ण की जय।

जय तृण तुल्य राज्य के त्यागी,
जिनके अनुज भरत बड़भागी;
जय अधिकारों के अनुरागी,
कि हो महाभारत निश्चय,
जय जय राम - कृष्ण की जय।

जय अमोघशर, अरिमदभंजन,
जय मुरलीधर जन मन रंजन,
जयति पतितपावन, अघगंजन,
जयति कर्ममय, कौशलमय,
जय जय राम - कृष्ण की जय।

बना बानरों को नर-नागर,
बँधवाया सौ योजन सागर;
तान छत्र-सा अद्रि उजागर,
मेटा व्रज का जल-प्रलय,
जय जय राम - कृष्ण की जय।

जय सीता, निज धार्मिक दीक्षा,
अग्नि आप कर चुका परीक्षा;
जय गीता, निज मुक्ति समीक्षा;
पाओ पूर्णतया प्रत्यय,
जय जय राम - कृष्ण की जय।

◆

हर हर महादेव

काँपे दैत्य दस्यु थर थर,
हर हर महादेव हर हर!

जय विषपानिप्रलयंकर,
अमृतदानि, जय अभयंकर।
जय शूली, जय शिवशंकर,
निकलें सब काँटे-कंकर,

भगे स्वयं सब डर डर डर,
हर हर महादेव हर हर!

किसके बाधा - विघ्न किधर,
तेरा सिद्ध गणेश इधर।
जीवन तो है मुक्ति—समर,
होते हैं नर जहाँ अमर।

बढ़ें क्यों न साहस कर कर?
हर हर महादेव हर हर!

हमें प्रलय का भी क्या डर,
नई सृष्टि उसके भीतर।
वह है प्रसव-वेदना भर,
हम हैं विभो, वद्ध परिकर।

हो तेरा ताण्डव तर तर,
हर हर महादेव हर हर!

डम डम डम डमरू का स्वर,
दूर कर त्रय ताप - ज्वर।
वम् वम् बोलो, हों जर्जर—
विषय पंचशर विष वर्वर,

बहे शान्ति - निर्झर झर झर,
हर हर महादेव हर हर!

जय गिरीश, जय गंगाधर,
देश मूर्तिमय शशिशेखर!
तेरे अभिमानी अनुचर—
हम हों कीर्तिबधू के वर।
दे निज भक्ति शक्ति भर भर,
हर हर महादेव हर हर!

भगवती भवानी

तीनों लोकों की रानी।
जय जय भगवती भवानी!

उठे बहुत सुर-अरि परिपुष्ट
गिरे किन्तु कट कटकर दुष्ट
रण में अग्नि शिखा-सी रुष्ट
मन में पानी पानी।
जय जय भगवती भवानी!

स्वर्गभ्रष्ट, स्वराज्यभ्रष्ट,—
भजकर तुझे बिना ही कष्ट
अपना स्वर्ग, स्वराज्य स्पष्ट
पाते हैं जन मानी।
जय जय भगवती भवानी!

माँ, अनन्त है तेरी शक्ति,
अमर-संघ-बल की तू व्यक्ति,
रक्खें हम भी वैसी भक्ति,
बनें आत्मबलिदानी।
जय जय भगवती भवानी!

क्या बाधा है, कैसी व्याधि,
अम्बा मेटेगी सब आधि,
साक्षी हैं सुर, सुरथ, समाधि,
हो आर्य्या के ध्यानी,
जय जय भगवती भवानी!

◆

महावीर की जय

अरि-गृह में भी संयम मय,
बोलों महावीर की जय।

बसो ग्राम-वन में भी नागर,
गिनों तुच्छ विघ्नों के सागर।
लो सीता-संवाद उजागर,—
जो निज मान-मूर्ति निश्चय;
बोलो महावीर की जय।

राक्षस रिपुओं की क्या शंका,
जले कनक की भी अघलंका।
बजे राम राजा का डंका,
प्रेत - पिशाचों का क्या भय?
बोलो महावीर की जय।

पथ - पर्वत सब कुछ दुर्गम हों,
पर साहस उत्साह न कम हों।
संजीवनी और बस हम हों,
फिर क्या सोच और संशय?
बोलो महावीर की जय।

गुरुदक्षिणा कपट मुनि पावें,
लक्ष्मण - से भाई बच जावें।
हम निज कार्य्य सिद्ध कर लावें,
रहें शक्ति - सम्पन्न सदय,
बोलो महावीर की जय।

हमारा हिन्दुस्तान

हम सब हैं हिन्दू सन्तान,
जिये हमारा हिन्दुस्तान।

जैन, बौद्ध, सिख, आर्य्य अशेष,
सब हिन्दू - कुल के ही वेश।
फिर क्या विग्रह, क्या विद्वेष?
छेड़ो मधुर मिलन की तान,
जिये हमारा हिन्दुस्तान।

एक अतुल हम सबका मूल,
हमको भिन्न समझना भूल।
सम्प्रदाय रुचि के अनुकूल,—
हैं श्रद्धा के ही संस्थान,
जिये हमारा हिन्दुस्तान।

एक हमारे हैं संस्कार,
हममें एक रुधिर - संचार।
एक हमारा देश उदार,
गूँजे एक गर्व का गान,
जिये हमारा हिन्दुस्तान।

स्वस्तिक - प्रणव हमारा एक,
एक त्याग - तप का उद्रेक।
जन्म - कर्म का एक विवेक,
इष्ट एक निर्वाण महान,
जिये हमारा हिन्दुस्तान।

इतने ज्ञानी, ध्यानी, धीर,
इतने दानी, मानी, वीर,
इतने अधिक गुणी गम्भीर,

कौन देश कर सका प्रदान?
जिये हमारा हिन्दुस्तान।

चीन देश की अद्‌भुत ओट,
कब सह सकी काल की चोट?
किन्तु हिमालय का वह कोट—
तान रहा है व्योम - वितान,
जिये हमारा हिन्दुस्तान।

मेटी हमने भव की भ्रान्ति,
दी सुख-शान्ति, विश्व-विश्रान्ति।
जाकर कहीं नहीं की क्रान्ति,
प्राप्त हमीं को है यह मान,
जिये हमारा हिन्दुस्तान।

ऐसा देश कौन है और?
ऐसी जाति कहाँ, किस ठौर?
रहे, रहेंगे हम सिरमौर;
हमको है निज कुल की आन,
जिये हमारा हिन्दुस्तान।

उठो बन्धुगण, करो विवेक,
जैसे हो, हो जाओ एक।
रक्खो हिन्दूपन की टेक,
हो चाहे जितना बलिदान,
जिये हमारा हिन्दुस्तान।

◆

हरि : ओम्

हरिः ओम्, हरिः ओम्,
हरिः ओम्, हरिः ओम्,
जियो अमृतपुत्र, जियो,
पियो प्रेम-सोम।

एक पुण्यभूमि, एक मातृभूमि,
हरित भरित भरतभूमि भ्रातृभूमि,
हम सब हिन्दू, हम सब आर्य

हुए यहीं अवतार हमारे,
हुए यहीं आचार्य;
यही हमारी धर्मभूमि है,
भवविस्तारित कर्मभूमि है,

हम सब हैं अविभक्त,
भरा है हम सबमें ऋषि - रक्त
उड़े ओम् का झंडा एक,
जुड़ें जहाँ हम सब सविवेक,

उठे एक गान
और गूँज उठे व्योम
हरिः ओम्, हरिः ओम्,
हरिः ओम्, ओम।
करो सानुराग आत्मयाग
—हृदय होम,
बढ़े सूर्य - तेज, बढ़े सोम
—यशस्तोम।

एक मनः प्राण, एक सत्य पक्ष,
एक उक्ति, एक मुक्ति, एक लक्ष,
हम सब हिन्दू, हम सब आर्य,—
और विश्व को आर्य बनालें

यही हमारा कार्य;
एक हमारा मिलनमन्त्र हो,
एक यन्त्र हो, एक तन्त्र हो,
एक हमारा भाव।

एक मत और एक प्रस्ताव,
पावें अखिल इष्ट हम लोग,
पाते हैं ज्यों सुर मख-भोग।

पुलक उठे राष्ट्र हेतु
—सजग रोम रोम,
हरिः ओम्, हरिः ओम्,
हरिः ओम्, ओम्।

◆◆